تصميم التدريس

تصميم التدريس

الدكتور نذير العبادي   الأستاذ أيوب عالية

٢٠٠٧

دار يافا العلمية للنشر والتوزيع

دار مكيـــــن للنشر والتوزيع

٣٧١,٢

العبادي ، نذير سيحان

تصميم التدريس / نذير سيحان العبادي

_.عمان : دار يافا العلمية ، ٢٠٠٦ .

ص. ( )

ر.إ : (٢٠٠٦/٩/٢٦٦٩)

الواصفات : /التدريس // طرق التعلم /وسائل التدريس/

* تم إعداد بيانات الفهرسة والتصنيف الأولية من قبل دائرة المكتبة الوطنية

الطبعة الأولى، ٢٠٠٦

دار يافا العلمية للنشر والتوزيع
دار مكــــــيـــــن للنشر والتوزيع

الاردن – عمان – الأشرفية

تلفاكس ٤٧٧٨٧٧٠ ٦ ٠٠٩٦٢

ص.ب ٥٢٠٦٥١ عمان ١١١٥٢ الأردن

E-mail: dar_yafa@yahoo.com

المقدمة

كان نظام التعليم في الأردن متخلفاً في مناهجه الدراسية، فقد كان نظامياً تقليدياً يهتم فقط بالجانب المعرفي الذي يعتمد على الحفظ والتلقين دون الاهتمام بالجوانب الأخرى، أو الاهتمام بالنشاطات أو المهارات أو الإجراءات التي تتعلق بها. وكان التلميذ مجبراً على حفظها واستظهار هذه المواد بالعصا والقهر.

وينال التلميذ كل ألوان العقاب البدني والنفسي. ولم تهتم المناهج بربط المعلم بالبيئة. والمعلم مهمته نقل المعلومات إلى التلميذ، والتلميذ مغلوب على أمره، لا يشارك ولا يبدي رأيه، وما عليه إلا أن يذهب إلى الامتحان، ويصب ما لديه من معلومات حفظها، فكان التلميذ مُحيَّداً، وكأن العملية التربوية تستهدف المعلم وليس التلميذ.

وكراهية الطلاب لبعض المواد الدراسية يعود إلى الأسلوب التقليدي الجاف في التدريس القائم على الحفظ والتلقين دون أن يكون هناك تفاعل بين المدرس والطالب وكان لهذه الأساليب العنيفة أثرها مما حدا بكثير من الطلاب إلى أن يتركوا المدرسة ويتجهوا إلى الزراعة أو اللجوء إلى العمل في مهنة.

أما التغييرات التي أصابت مناهجنا الحديثة فتعد بسيطة لم تلامس الجوهر، ولم تحدث تغييرات في مجتمعنا الذي ظل مجتمعاً استهلاكياً.

ونلاحظ التنافس العلمي القوي بين الدول، وهذا التنافس نابع من تقدمية المناهج وطرق التدريس والأساليب المتبعة.

والمطلوب إحداث تغيير حقيقي في مناهجنا، نستطيع من خلالها اللحاق بركاب الآخرين مما يتطلب تتضافر الجهود المخلصة لذلك بين جميع الفئات المختلفة.

وتصميم التدريس أو هندسة التدريس هي وسيلة النهوض بعملية التدريس للوصول إلى الأهداف المقصودة، وهي وسيلة توصيل الأهداف إلى الطلاب، فهندسة التدريس تقوم على الإبداع والتفكير بدءا من التخيل إلى التخطيط والتنفيذ.

وهذا الكتاب هو مقدمة متواضعة لإلقاء نظرة على تصميم التدريس، سائلين الله تعالى التوفيق.

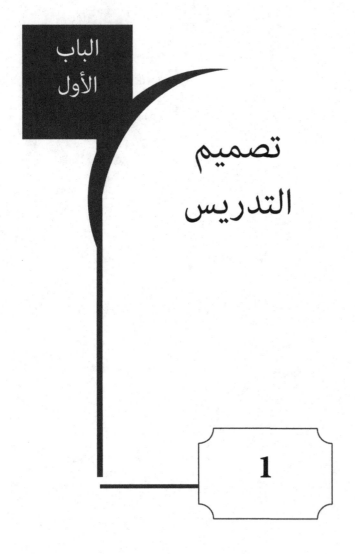

الباب
الأول

تصميم
التدريس

1

الباب الأول

تصميم التدريس Instruction Design

مقدمة

إن النجاح في أي مشروع وتحقيق الأهداف يجب أن يسبقه التخطيط المتقن. والنجاح في عملية التدريس كذاك الأمر. تحتاج إلى تخطيط وعلى المعلم أن يحيط بكل جوانبه ودقائقه، حتى ينأى عن التقليد والعشوائية. فلا يمكن التصور أن يقدم المعلم على تدريس مادة دون معرفة مسبقة بالموضوع والأهداف المراد تحقيقها في نهاية الحصة، ودون معرفة الأسلوب أو الوسيلة التي سيستخدمها في عرض مادته. فالتخطيط لتدريس مادة في حصة واحدة يعتبر نموذجاً مصغراً لعملية تصميم التدريس.

هو الجهد الذي يحفز المتعلم على التعلم، باستخدام الوسائل المختلفة لتسهيل تحقيق هذه المهمة وذلك بتجسيد المعلومة وتقريبها إلى المتعلم، كما أن التدريس علم يهتم بطرق التدريس وتقنياته، والمواقف التي يتفاعل الطلبة مع المعلم.

وعلى ذلك يكون التدريس هو: "نشاط متواصل، يهدف إلى إثارة التعلم وتسهيل مهمة تحققه، ويتضمن سلوك التدريس مجموعة الأفعال التواصلية، والقرارات التي يتم استغلالها وتوظيفها بكيفية مقصودة من المدرس الذي يعمل كوسيط في إطار موقف تربوي ـ تعليمي".

والموضوع الأساسي للتدريس هو دراسة الظروف المحيطة بمواقف التعلم، ومختلف الشروط التي توضع أمام الطالب لتسهيل ظهور التمثيلات الذهنية لديه وتوظيفها أو إبعادها أو وضعها موضع تغيير ومراجعة لا بداع تصورات وتمثيلات جديدة.

من خلال ما سبق يمكن أن نخرج بأهم خصائص التدريس وهي:

١- التدريس عملية إنسانية تهدف إلى مساعدة المتعلمين على التعلم.

٢- التدريس نشاط تعلمي مقصود.

٣- التعليم فرع من التدريس، وليس العكس، وهو حالة من حالات التدريس التي تحصل بين طرفين بشريين، هما المدرس والتلاميذ.

٤- التدريس يعبر عن مدى تأثر التعلم بالظروف والوسائل المختلفة.

لذا فإن المعلم الجيد هو الذي يختار باتقان الأنشطة الأكثر ملائمة عند تخطيطه لأي مثال للتعليم، وجعل البيئة مناسبة للموقف التعليمي، كما يقوم بتطويع كل الوسائل التكنولوجية لتسهيل وتحسين تعلم التلاميذ.

التعلم: يعرفه العلماء بأنه "تغيير في السلوك نتيجة الخبرة" وهو عملية ذاتية، يمكن أن تسود النشاط البشري بكامله أو أن تسود مجالات عديدة.

التعليم: هو حالة من حالات التدريس، والمعلم هو الطرف الفعال والذي يقوم بالنشاط التعليمي كله أي أنه يقدم المعلومات، والتلميذ هو الطرف السلبي، يتقبل كل ما يعرض عليه دون التشكك في ذلك... فقد اقتصر الهدف من التعليم على عمليات الحشو والاكتساب والتدريب بهدف زيادة المعارف وتعزيزها.

ولمزيد من توضيح الفرق بين المصطلحات الثلاثة السابقة نورد الموازنتين التاليتين:

الموازنة الأولى بين التدريس والتعليم وهي موضحة في الجدول التالي:

جوانب الموازنة	التعليم	التدريس
الهدف	حشو عقول الطلبة بالمعلومات التي يعرضها المعلم	مساعدة الطلبة على التفاعل مع الخبرات التي يواجهونها في الصف وخارجة.
دور الطالب	التلقي والاستماع والامتثال والتدريب	تدريب الطالب على ممارسة عمليات الانتباه

	الببغاوي	والتذكير والتفكير والتنظيم والاستيعاب
دور المعلم	ملقن إيجابي، يتحدث طوال الحصة، ملم بالمعرفة وخبير بها	منظم للخبرات والمواقف والأحداث ومعد للمهام التي سيتفاعل معها الطلبة ويستثير لدوافعهم.
دور الخبرات والمواد الدراسية	تدريب أذهان الطلبة أساليب زيادة معارفهم واستخدامها كوسائط للتدريب العقلي والتكرار الآلي.	وسائط تساعد الطلبة على اختيار نظرياتهم ومفاهيمها والبنى التي يطورونها، ومواقع لتجريب أفكارهم وأساليب تعلمهم.

جدول رقم (١) الموازنة بين عملية التعليم والتدريس (١)

ومن الجدول السابق نلاحظ أن المعلم يمتلك زمام الأمور في التعليم بينما هو موجه ومشرف ومنظم للخبرات في التدريس.

وفي الموازنة الثانية نرى الفرق بين عملية التعلم والتعليم، موضحة في الجدول التالي:

جوانب الموازنة	التعلم	التعليم
العمليات	داخلية يمارس الطلبة بهدف استيعاب المعرفة	الشرح والتلقين طوال الوقت

دور الطالب	المبادرة والتصميم وتنظيم المعارف	الامتثال والطاعة والصمت والتلقي لما يعرضه المعلمة
دور المادة الدراسية	اختيار الأسلوب المناسب لاستيعاب المعرفة وقناة المعرفة المناسبة لذلك، واختيار وبناء المخططات المناسبة	زيادة القدرة الذهنية لدى الطلبة، وتحديد قدرات الطلبة بمقدار ما يحملون في أذهانهم من معارف
الإجراءات والأنشطة العملية	الإفادة مما يقدم بهدف مساعدة الطالب على تنظيم معرفته وخبرته ليصل إلى حالة الفهم والاستيعاب	تقديم المعارف والمعلومات وفق منطق المادة الدراسية والمنطق الذي يفترضه المعلم

أثر تصميم التدريس على التدريس:

يعد تصميم التدريس أساس تطوير التدريس.

والتدريس كما هو معروف، يتقدم باستمرار، نتيجة التقدم العلمي الكبير الذي حصل في حياة الناس، مما أحدث تطوراً على العملية التعليمية، وخاصة في المجال العلمي، وفي القدرة على تحديد متغيرات التدريس.

وقد حقق علم التدريس فوائده كبيرة من تصميم التدريس الذي ركز على استخدام التكنولوجيا الحديثة، مثل (الفيديو) والحاسب، كما أفاد في المجالات التطبيقية لتصميم التدريس في المجالات التربوية التي كانت غايتها تسهيل التعليم بصورة فعّالة.

كما استفاد علم التدريس من نظريات التعلم التي هي الأساس القوي لمبادئه النظرية وإجراءاته العملية، مما أدى إلى ظهور مناهج جديدة ومختلفة، منها منهج تحليل النظم وتصميم التعليم، والتدريس الذي يضع الأهداف والخبرات لتناسب التلاميذ وقدراتهم، وخبراتهم السابقة، وتحديد ما يناسبه من إجراءات تدريبه ووسائل تعليمه.

ولا بد من التفريق بين تصميم التدريس باعتباره علما وبين إجراءات التدريس.

فأمّا علم تصميم التدريس فهو مفهوم واسع يستخدم للدلالة على مبادئ ونظريات ومجالات من البحث والتساؤل والممارسة.

وأما إجراءات تصميم التدريس، فهي العمليات النظامية التي تستخدم في إحداث تسلسل تعليمي تعلمي، وهو جزء من علم تصميم التدريس:

وعملية تخطيط التدريس تشير إلى العمل لانجاز هدف معين، قابل للتطبيق والتنفيذ.

وأما التدريس، فهو عملية معدة، تتكون من مجموعة من الأجزاء المتداخلة، التي لها وظائف خاصة، ولكنها تعمل بصورة مترابطة من أجل تحقيق الأهداف المرجوّة، ومن هذه الأجزاء:

شروط نجاح أي برنامج تعليمي

لكي يتم نجاح أ ي برنامج تعليمي فلا بدّ من مراعاة ما يلي:

١- أن يكون البرنامج قادراً على إكساب المشاركين فيه المعرفة، والمهارات، وأنماط الاتجاهات الضرورية، كما يكون قادراً على إكسابهم التدريب المناسب من خلال استخدام أمثل للتقنيات المتوفرة، لكي يتم تحقيق التعلم المرغوب.

٢- أن تكون تكاليف البرنامج المادية والزمن الذي يستغرقه تنفيذه والجهد المبذول فيه مناسبة لما تم تحقيقه من تعلم.

٣- أن تكون خبرات التعلم ذات معنى، ومثيرة ومشوقة، وتهم المشاركين، لتزيد من دوافعهم، للاستمرار في التعلم، ومتابعة الدراسة.

٤- أن يستفيد البرنامج التدريسي من خبرات المدرسين، ويأخذ بها، كما يستفيد من دعمهم للبرنامج، وتسهم له.

تكنولوجيا التدريس Technology of Instruction

ليس معنى مصطلح: تكنولوجيا التدريس ما قد يتبادر إلى الذهن هـي تقنيـات التـدريس المستخدمة في عمليات التدريس، كالأجهزة الحديثة من حاسوب وتلفاز وغيرها.

فتكنولوجيا التدريس تعليميـة، ثـم تصـميمها لوضـع معرفتنـا بـالتعلم موضـوع التطبيـق والممارسة بطريقة تنبؤية وفاعلة لتحقيق الأهداف.

ونفهم من هذا أن تكنولوجيـا التـدريس تشـمل الطـرق والأسـاليب الحديثـة المسـتخدمة لتحقيق الأهداف التعليمية.

ومن الطرق التي يعتمدها التدريس نظام التسـاؤل أي "طريقـة حـل المشـكلات" لتطـوير التدريس، وهذه الطريقة تعتبر طريقة متقدمة وتقوم هذه الطريقة على:

أ-   تحديد المشكلة.

ب- صياغة فرضيات للحل وتجريبها، وجمع المعلومات، مما يؤدي إلى استنتاج مناسب للفرضيات من أجل حل المشكلة.

ج-   فإن ثبتت صحتها استخدمت هذه النتائج لتحسين أو تعديل أوضاع تدريسية معينة. وإن لم تثبت لا بد من اللجوء إلى اختيار آخر حتى يظهر الحل الناجح.

لذلك فإن طريقة التساؤل العلمي أو حل المشكلات عندما تستخدم في التخطيط وتحقق نتائج، فإنه يطلق عليها تكنولوجيا التدريس أو تقنيات التدريس، وقد عرفتها جمعية الاتصالات التربوية والتكنولوجية، بأنها: "العملية الخاصة المستخدمة لتصميم نوع خاص من النتاجات التعليمية/ مكونات النظام التعليمي التي تتصف بالثبات والصدق" وتعدّ العمليات المتبعة في تطوير التعليم المبرمج مثالاً واضحاً على تكنولوجيا التدريس.

أما عملية التخطيط النظامية Process of systematic Planing

تهتم بتقويم طريقة اختيار مشكلات التدريس وحاجاتها، وصياغة خطوات لحل هذه المشكلات لها لحلها، وتقويم نتائجها، وهي واحدة من تقنيات التدريس التي يعتمد عليها تصميم التدريس في تطوير التدريس من خلال إجراءات نظامية تستخدمها هذه العملية.

علاقة تصميم التدريس بتطوير التدريس:

١- يعتبر تطوير التدريس Instruction Development أعم وأشمل من تصميم التدريس، لأن التدريس جزء من تطوير التدريس.

٢- تصميم التدريس يتعلق بتصميم وحدات ومساقات أو برامج تدريبية، أما تطوير التدريس فهو يتعامل مع أنظمة أو نظم تعليمية متكاملة،

تشمل إدارة شؤون الأفراد، والميزانية، ودعم الخدمات والتزويد لتحسين التـدريس في منظمة أو معهد ما.

٣- يعدّ تصميم التدريس ترجمة لمبادئ التعلم والتـدريب إلى خطط ونشـاطات ومـواد التدريس.

ويعتبر تطوير التدريس منهجاً نظامياً لتصميم أنظمة تعليمية متكاملة وإنتاجها وتقويمها، فهو يضم جميـع المكونات ومنها طريقـة الاسـتخدام، ولهـذا يقـال: إن إجراءات تطوير التدريس تستخدم لتخطيط أساليب تنفيذها.

تصميم التدريس Instruction design

ما يقوم به المهندس يشبه إلى حد كبير ما يقوم به مصمم التدريس، فكـل مـنهما يضع تصميماً لعمله مسبقاً ثم يخطط للتنفيـذ، ثـم يقـوم بـإجراءات التنفيـذ، ثـم يقـوم بالحكم على نتائج عمله، ثم يستخلص من نتائج المراجعة الخلل والعيوب والأخطاء فيقوم بتعديلها وتحسينها.

وهما يقومان بذلك وفق مبادئ صدقت صحتها في الماضي ونجحت.

فالمدرس يقوم بترجمة مبادئ التعلم والتدريب التي تعلمها إلى خطط ونشـاطات ومواد التدريس والمهندس يعتمد على مبادئ فيزيائية.

ويتفق المهندس ومصمم التدريس في أن كلا منهما يحاول تصميم أشـياء وظيفيـة تلفت أنظار المستهلك، وتشده إليها، كما يضعان خطة مفصلة

لما سيكون عليه نتائجها مع الأخذ بعين الاعتبار أن عملية التنفيذ ليست مـن شـأنهما، بـل يقوم بها أناس مختصون.

وبعض المصممين عندهم معرفة كافية بمهـارة الإنتـاج كبرمجـة الحاسـوب وإنتـاج أشرطـة الفيديو.

والمعلمون الأكفاء هـم الأكثر قـدرة علـى ضبط التـدريس والتـدريب، ليتوافـق وحاجات المشاركين من المتعلمـين والمتـدربين، خاصـة إن كانـت وسـيلة التعلـيم لا تتعلـق بمواقف التعلم والتعليم، مثل: التدريب في الشركات والبنوك والمؤسسات.

بعض المفاهيم التربوية وعلاقتها بالتربية:

مفهوم التربية مفهـوم واسـع، وينطـوي تحتـه عـدد مـن المصطلحات والمفاهيم التربوية مثل مفهوم التدريس والتدريب والتعليم ويخلط النـاس في مفهـوم ويسـتعملونها استعمالاً تبادلياً فيطلقون التدريس بمعنى التدريب أو التعليم أو العكس.

لكن هذه المفاهيم لها دلالات خاصة ومحددة بالرغم من تقاربها في المعنى.

فما علاقة هذه المصطلحات ببعضها. وحتى نعرف خصوصية كل منها لا بـد مـن أن تعرف هذه المصطلحات:

التربية Education

تشمل مفهوم التربية جميع أنوع الخبرات التي يتعلم أو يتدرب من خلالها الناس، وهـذه الخبرات غير مخطط لها أي غير مقصودة وهي عرضية في

معظمها، أي ما يكتسبه المرء من المعرفة بنفسه دون توجيـه أو معـد سـلفاً مثـل السـائق الذي يتعلم من أخطائه ولكنه لم يتعلم المهارات التي يجدها في الشـارع عنـدما يسـوق في مدرسة تعليم السواقة.

التعليم Teaching

ويعني الخـبرات التـي يقـوم بهـا الفـرد ولـيس الفيـديو أو المنهـاج أو برنـامج الحاسـوب. فالتدريس يشمل جميع أنواع خبرات التعلم والتعليم التي تنقل رسالة التعليم عن طريـق وسائل إعلامية متعددة أو عن طريق المعلم.

مفهوم التصميم Design

يستخدم مفهوم التصميم في العديد من المجالات، وقد يكون تصميماً صناعياً أو تجاريـاً أو هندسياً فهو عملية تخطيط منهجية تسبق تنفيذ الخطة من أجل حل المشكلة.

ويتميز تصميم التدريس عن غيره من أنواع التصاميم الأخرى فيجب أن يتوافر في مصـمم التدريس ما يلي:

١- الدقة ودرجة الإطلاع على التخطيط النظامي systematic للمشروع، فضعف التخطيط يؤدي إلى نتائج خطيرة مثل سوء توزيع الوقت مما يترتب عليه التعليم الخامل الذي يخلو من الدوافع ويكون غير فاعلاً.

٢- ويفترض بالمصمم معرفة الهدف من استخدام المرافق ومستوى الاستخدام والفئة المستفيدة، إذ إن معرفة الأهداف تؤدي إلى نجاح العملية وتوصيلها على أحسن وجه للدارسين.

٣- ويقوم الإبداع بدور مهم في التصميم، لذلك يجب أن ينأى عن الروتين والتقليد، لأن الإبداع يبقى محفوظاً في الذاكرة كما يساهم في اختصار الجهد والوقت للتنفيذ فتحقق الأهداف بكفاءة عالية، تساعد المتدربين على تطوير ثقتهم بأنفسهم وبذلك يكون تصميم التدريس نشاطاً ذهنياً تدريبياً إبداعياً يرتقي في حل المشكلة.

التدريب: Training

التدريب هو الجانب العملي من التدريس، وهو جزء من التدريس ويرتبط به مباشرة ويعرفه العلماء بأنه "الشكل العام للخبرات التعليمية المركزة التي ينبغي للأفراد الذين يكتسبون مهارات خاصة جداً، القيام بتطبيقها في مجالات حقلية ميدانياً".

وبناء على ذلك فإن هذه الخبرة مقصودة ومخطط لها، وأن كثيراً من الخبرات المرتبطة بالتعليم المهني تعد من التدريب، وكذلك المهارات العسكرية،

والمهارات التربوية المرتبطة بالمجالات العملية كالمهارات الرياضية والمحاسبية والقرائية والكتابية وغيرها.

عملية تصميم التدريس:

هي من الطرق لتعريف تصميم التدريس في عملية التخطيط المنهجي للتعليم. ومهمة مصمم التدريس الإجابة عن ثلاثة أسئلة رئيسية هي:

١- أين سنذهب؟ (ما هي أهداف التعلم؟)

٢- كيف سنصل إلى هناك؟ (ماهي استراتيجية التعليم والمواد التعليمية؟)

٣- كيف لنا أن نعرف المكان عندما نصل هناك؟ (كيف يجب أن يكون نمط الامتحانات، وكيف يمكن تقديم المواد التعليمية؟)

ويمكن أن نعرف ومن خلال هذه الأسئلة أن عملية تصميم التدريس تمر في ثلاث مراحل مهمة هي:

١- إجراء تحليل تعليمي لتحديد أين سنذهب، أي تحديد الأهداف التي يتم السعي لتحقيقها، كمعرفة كل شيء عن البيئة، التي سيتدرب بها المتعلمون وعن خصائص المتعلمين، والمهارات التي يجب أن يكتسبها التلاميذ.

٢- تطوير إستراتيجية تعليمية لتحديد كيف سنصل إلى هناك أي كيفية عرض المادة التعليمية ونشاطات التعلم والخطوات المتسلسلة التي يجب إتباعها.

٣- تطوير وإجراء تقويم لتحديد كيف لنا أن نعرف المكان عندما نصل إلى هناك، أي ما هي أدوات التقويم التي سنستخدمها من

أجل تحقيق الأهداف المرجوة ومعرفة هل تحققت أم لا، ومدى تحققها.

تصميم التدريس ونظريات التعلم:

يواجه التربويون صعوبة في صياغة نظرية تعلم تصلح لكل مواقـف التـدريس والتـدريب، وترجع صعوبة صياغة مثل هذه النظرية إلى ما يلي:

١- لاهتمام علماء النفس بما يدور في مختبراتهم، لأن المختبر يوفر لهم بيئة مضبوطة مسيطر عليها، ويمكن التحكم بمتغيراتها مما يجعلهم غير قادرين على معرفة أثر المتغيرات المستقلة الداخلة في مواقف التجريب.

٢- وعناية علماء التعلم تركز على الحيوانات التي تعد مصدراً هاماً لاختيار فرضياتهم، ومعرفة النتائج، وأن هذه الحيوانات تتوفر لهم بكثرة وبسعر زهيد.

٣- ولا يهتم علماء التعلم بنقل نتائج دراساتهم والاستفادة منها، في المجال الإنساني.

لذلك نجد ازدهاراً في أبحاث مختبرات علم النفس لكنها قليلة الفائدة في المجال التدريسي والتدريب الإنساني، مما ترتب عليه تقدم في المجال التدريسي

والتدريب الإنساني، مما ترتب عليه تقدم علم التعلم، وبقاء علم التدريس متخلفاً عـن مجاراته.

وبذل علماء النفس جهوداً لمد جسور بـين نـواتج نظريـات الـتعلم، وبـين علم التـدريس، وتصميم التدريس، وكان "سكنر" أول من حاول ذلك بطريقة علمية ومنظمة.

وخلاصة ما توصل إليه (سـكنر) أنـه نقل نتـائج علـم الـنفس السـلوكي إلى غرفة الصـف، وعكسها على مواقف التعلم والتدريس والتـدريب الأمـر الـذي أسـهم في تطـوير تصميم التدريس.

ونرى أن (سكنر) اتخذ من المدرسـة السـلوكية إطاراً نظريـاً لا بـد منـه في مجـال تصميم التدريس والذي يحتاجه مصمم التدريس ولا يستغني عنه.

وتعتبر المدرسة السلوكية هي صاحبة أكثر النظريات النفسية ملاءمـة للقيـام بهـذا الـدور، لأنها تسعى إلى تزويد الممارسـين باسـتراتيجيات وأسـاليب واضـحة، تسـهل عمليـة الـتعلم والتدريس باستخدام الوسائل التعليمية.

ونلاحظ أن علم تصميم التدريس استفاد مـن نظريـات الـتعلم بتحويـل مبـادئ الـتعلم والتدريس إلى طرائق يتم فيها تحديد مواد التدريس وأنشطتها، وتحقق نواتجها على صورة أداءات ذهنية وحركية.

صفات مصمم التدريس:

ليكون مصمم التدريس قادراً على توظيف وتطبيق عملية التصميم وجعلها عملية ممكنة ينبغي أن يتمتع بعدد من الصفات تساعده على ذلك، وهذه الفئات هي:

١-أن تكون لديه القدرة على تشخيص مشكلات التعلم وتحليلها، لأنه بدون ذلك لا يستطيع أن يقدم توصية دقيقة لمشكلة التدريس.

٢- أن يكون لديه اهتمام بمعرفة المهارات الضرورية لتجسير وربط النظرية ونتائج الدراسات والبحوث بالتطبيقات الصفية والتدريبية للوصول إلى حلول مناسبة للمشكلة. فهذه الحلول موجودة في نظريات التعلم الإنساني... ولأن قيمة تصميم التدريس تكمن في تحويل المجالات النظرية للتعلم إلى أفعال تدريسية مثالية.

تعريف تصميم التدريس:

أورد الدكتور يوسف قطامي في كتابه " تصميم التدريس" مجموعة كبيرة من التعريفات لعدد من العلماء العرب والأجانب، وعند استقراء هذه التعريفات نجد أنها تتفق في العناصر الأساسية لمعنى التصميم وان اختلفت في ألفاظها ومن هذه التعاريف:

١-   التصميم طريقة منهجية نظامية وليست عشوائية مرتجلة.

٢- التصميم خطة مسبقة لمادة تعليمية معينة، يحيط بها وبتفاصيلها مصمم التدريس.

٣- يأخذ بمجموعة من الإجراءات اللازمة لتنظيم المادة التعليمية المراد تصميمها وتدريسها بطريقة منطقية، وتحليلها وتطويرها وتقويمها، لتكون متناسبة مع قدرات المعلم الذهنية.

٤- وهدف هذه الإجراءات تحديد أفضل الطرق التعليمية وتطويرها بحيث تصبح مناسبة لتحقيق حاجات التعلم والتعليم بأقل جهد ووقت ممكنين.

٥- إن عملية تهدف على وضع خطة لاستخدام عناصر بيئة المتعلم والعلاقات المرتبطة بها، بحيث تدفعه للاستجابة في مواقف معينة، وتحت ظروف معينة لإكسابه خبرات محددة، وإحداث تغييرات في سلوكه أو أدواته لتحقيق الأهداف المقصودة.

٦- ومن خلال تنظيم المعلومات وتطوير الوسائل والأساليب يسعى إلى تسهيل عملية التعلم.

ونختار تعريفين يضمان كل العناصر التي تحدثنا عنها سابقاً وهذان التعريفان التاليان يشملان كل العناصر السابقة وهما:

الأول: " تصميم التدريس: مجموعة إجراءات مختلفة، تتعلق باختيار المادة التعليمية المراد تصميمها وتحليلها وتنظيمها وتطويرها، وتقويمها لمناهج

تعليمية تساعد المعلم على التعلم بطريقة أسرع وأفضل من ناحية، وإتباع الطرائق التعليمية بأقل جهد ووقت ممكنين من ناحية أخرى".

الثاني:" تصميم التدريس: هو أن نظرية تدريس منهجية نظامية، تتكيف مع المحتوى التعليمي، وتسعى إلى تحقيق تعلم أكثر كفاءة، وأكثر فاعلية للمتعلمين من خلال عرض معلومات كافية لهم، ليتمكنوا من حل مشكلاتهم المكتبية بطريقتهم الخاصة".

ومن الملاحظ أن تصميم التدريس ومصممي التدريس قد فرقوا بين النظرة التقليدية للتعليم القائمة على نقل المعرفة بالتدريس، وبين النظرة الحديثة للتدريس التي تهدف إلى تعميق المعرفة وتسهيل التعلم.

لذلك نرى أن التصميم يتركز على الفلسفة التي تعد المتعلم أساساً ومحوراً لعملية التعلم عند التخطيط للدرس، فالمتعلم أو المستفيدين في التخطيط هي مجموعة مشاركة وفعّالة وليست سلبية أو حيادية في عملية التخطيط.

على ذلك يجب الأخذ بعين الاعتبار أن تكون عملية التعلم مناسبة مع قدراتها وأهدافها وأن تركز على صياغة الأهداف، وتحديد الطريقة، التي يتحقق بها.

وهذه الأهداف يمكن تحقيقها بالنشاطات أو الوسائل التعليمية المرئية وغير المرئية أو بالتعليم المبرمج كما تقول نظرية التعلم السلوكية.

ويهتم تصميم التـدريس ببيئـة المتعلم الذهنيـة والنفسيـة والماديـة مـن أجـل تطويرها وتزويدها بالمصادر والدوافع التي تجعلها مناسبة لعملية التعلم، كـما يهـتم أيضاً بتنظيم الموقف التعليمي والتدريبي لتلبية احتياجات المتعلمين،

ويؤكد النظرة الحديثة للتدريس على تنظيم وتطويـر اسـتراتيجيات التعلـيم وفـق أحـداث تدريسية متفاعلة.

مكونات التصميم الأساسية:

تتألف مكونات التصميم الأساسية مما يلي:

١- التقدير التدريسي.

٢- التحليل التدريسي.

٣- اختيار الاستراتيجيات التدريسية

٤- التقويم التكويني

٥- التقويم الختامي.

والأحوال النظرية لهذه المكونات تقوم على نظريات الـتعلم وأبحـاث التـدريس والحـدث العام، لأن التصميم والتطوير والتطبيق يحتاج إلى فهم عام ليساعد على تسـهيل الكيانـات العامة التي يعتمد بعضها على بعض، وتؤدي جميعها إلى تحقيق بعض الأهداف العامة.

تطور علم تصميم التدريس

نبذة تاريخية:-

أقدمت الولايات المتحدة عقب الحرب العالمية الثانية على تعليم أعداد كبيرة من الجيش على كيفية استخدام التكنولوجيا الحديثة، وكذلك المعدات الحربية بأقل جهد ووقت وأقل تكلفة.

واعتبرت هذه الجهود الحدود الأولى لعلم تصميم التدريس باعتباره يشكل جزءاً من تكنولوجيا التربية.

في تلك الفترة ركز علماء النفس الجهود في الكشف عن معلومات مهمة وجديدة ذات علاقة بكيفية حدوث التعلم الإنساني، وذلك بإشراك المتعلم بصورة إيجابية وفعّالة. ناهيك عن الدور الذي قام به المتخصصون في مجال السمعيات والبصريات في تصميم التدريس وتطوير مفهومه من خلال طرق جديدة وهم يطبقون مبادئ علم نفس التعلم من تصميم لأفلام تربوية وتعليمية مختلفة.

أما أهم المصادر التي ساهمت في تطوير تصميم التدريس فهي: الدراسات والبحوث النفسية التي ركزت على سيكولوجية الفروق الفردية وكذلك التعلم الفردي والتعليم القائم على البرمجة.

ومن ذلك أيضاً البحوث والدراسات التي اهتمت بنظريات التعلم، والسلوك الإنساني من حيث المثيرات والاستجابات في الموقف التعليمي باستخدام جداول التعزيز وكذلك الاعتماد على التكنولوجيا الهندسية والتي

تعني أن يسير المتعلم وفق سرعة التعلم الذاتية وأيضاً من هذه المصادر منها ما تعلق بدراسات اهتمت بوسائل الاتصال وأهميتها في عملية التعلم، واستخدام المتعلم أكثر من حاسة واحدة في وقت واحد.

أما الفوائد حققها علم التدريس من هذه المصادر فتتلخص في التالي:

١- خلق البيئات وإيجاد الظروف المناسبة التي يتمكن الطلاب من خلالها من التعلم.

٢- أصبح الاهتمام بنظرية التدريس أكثر من الاهتمام بنظرية التعلم.

٣- وفرت الاستراتيجيات والمبادئ لنقل الخبرات للطلاب في بيئات تعليمية تناسبهم.

وكان "جون ديوي" هو رائد هذه الطريق فهو أول من دعا إلى إقامة العلاقات وربط نظريات التعلم بالمواقف التربوية من خلال نظريته (الروابط) العلمية (Linking Science)، مقرراً أن التعلم لا يتم إلا بطريق الخبرة والعمل، learning.

سكنر وتصميم التدريس:

اشتهر سكنر بنظرية التعزيز، وخصوصاً التعزيز الفوري الذي يقوم على تعزيز المتعلم مباشرة بعد الاستجابة الصحيحة.

وبذلك يكون سكنر عالج تأخر التعزيز الذي يمكن أن يضعف الاستجابة المجزأة من التلاميذ في الصفوف ذات الأعداد الكبيرة.

وقد ألف سكنر كتاب (Technology of learning) الذي كان أول كتاب من نوعه يطرح فكرة تكنولوجيا التدريس لتفعيل التعلم داخل الصف، مهتماً بمعالجة تقنية التدريس الصفي لأول مرة في تاريخ التدريس.

وعملية (تكنجة) التدريس هي من النتائج التي ترتبتْ على تطبيق نظريته في التدريس والتي استفاد منها مصممو التدريس فيما بعد.

ومن ذلك تم التأكيد على أهمية التقنيات المادية والبرامج في مواقف التدريس لأنها وسائل تعمل على تسهيل مهمة التعليم، الأمر الذي غيَّر النظرة إلى تصميم التدريس.

دور المدرسة السلوكية في تصميم التدريس:

نشأت هذه المدرسة في أواخر القرن التاسع عشر، ولكنها ازدهرت في النصف الأول من القرن العشرين، وارتبطت باسم "ايفان بافلوف" الروسي الذي أجرى أبحاثه على الكلاب. ويعتبر مؤسس المدرسة السلوكية بحق هو (واتسون) صاحب "قوانين التعلم". ومن أشهر العلماء في هذه المدرسة (ثوراندايك، سكنر) حيث درسا المترتبات الإجرائية في الأربعينيات والخمسينيات من القرن الماضي.

ونرى أثر المدرسة السلوكية الواضح في تصميم التدريس في بعض التقنيات والخطوات المتبعة في عملية التصميم مثل: تحديد الأهداف السلوكية، ووضع تقييم يعتمد على الأداء.

وتؤكد النظرية السلوكية أهمية البيئة في التعلم والعلاقة بين المثير والاستجابة، وتوضح تطور هذه العلاقة نتيجة وجود المثير المناسب.

وأحد التطورات السلوكية التعليم المبرمج الذي اعتبر ثورة حديثة في التعليم، وأحدث إبداعات لا سابقة لها في التعليم في استخدام الأهداف السلوكية وعرض المادة التعليمية اعتماداً على الوسائل والأجهزة التعليمية وتطوير المواد التدريسية من خلال فحص لفعاليتها.

واتخذ التعليم المبرمج شكلين رئيسيين هما: الشكل الخطي والمتشعب.

أما الشكل الخطي فهو ناجم عن دراسة "سكنر" لنظرية التعلم.

أما المتشعب، فليس له أصول نظرية محددة.

ومما اهتمت به المدرسة السلوكية التغذية الراجعة ونمط التدريس والتعزيز بأنواعه.

واهتمت المدرسة السلوكية بسلوك الإنسان الذي يمكن ملاحظته لكنها لم تهتم بعمليات التفكير أو الأصول الذهنية وغيرها من الظواهر غير المرئية.

وقد حدد " بولوك Bullock" عدداً من الأسس التي تعتمد عليها عملية تصميم التدريس وهي،:

١- الموضوعية: وهي النهج العلمي، والملاحظة المحسوسة للأحداث الخارجية.

٢- البيئية: وتعني أن البيئة ذات أهمية في تحديد السلوك الإنساني.

٣- التعزيز: ويعني احتمال زيادة ظهور سلوك تعليمي، ويحكم عليه في العادة من نتائجه، لأن السلوك الإنساني محكوم بالنتائج.

وقد رأى " لاموس Lamos" أن التعليم المبرمج لسكنر يقوم على ثلاثة أسس هي: التحليل والتصميم والتقويم. كما حدد " جيلدين" أربعة مكونات أساسية للتعلم، وفق نموذج ضبط التعليم، وهي: معلومات الطالب، وتحليل التدريس، ونشاط التعلم، ونظام التقويم.

الأطر النظرية الأساسية المحددة لتصميم التدريس:

يتحدد الأساس النظري السلوكي لتصميم التدريس بالأطر السبعة التالية:

١- طريقة حدوث التعلم.

٢- العوامل التي تؤثر على التعلم.

٣- دور الذاكرة.

٤- انتقال أثر التعلم والتدريب.

٥- نواتج التعلم المحصلة التي تحقق وفق هذا الاتجاه.

٦- افتراضات النظرية التي تتعلق بتصميم التدريس.

٧- أسلوب تنظيم الموقف التعليمي.

وحتى يتم فهم الأساس النظري لا بد من تحليل هذه الأطر وتوضيحها.

الإطار الأول:

١- يتم تحديد المحتوى للمادة التعليمية وفق أهداف سلوكية بصياغة جمل فعلية تبدأ بأفعال إجرائية قابلة للملاحظة ويمكن قياسها والحكم عليها حسب معايير ومستويات معينة.

٢- وبناء على هذا التصور فإن التعلم يهدف إلى زيادة السيطرة على بيئة المتعلم لخلق ظروف مناسبة لتحقيق ذلك.

٣- اعتماد تقويم قادر على إظهار درجات التقدم في التعلم وتغييرها إلى الأفضل، وإظهار الفرق بين ما كان عليه من قبل(خط البدء) وما صار عليه الآن (مرحلة السلوك النهائي).

٤- ويتحدد نوع التعلم الذي يقوم به المتعلم من خلال استخدام التعزيز المناسب الذي يدفع بالمتعلم إلى تحسين أدائه وسلوكه.

٥- إيجاد مثيرات جديدة باستمرار لحصول استجابة صحيحة.

٦- التعلم عبارة عن تغيرات تحدث لدى المتعلم يتم قياسها بقياسات "بارامترية" تستطيع تحديد درجة التقدم في التعلم، ودرجة التغير في السلوك، الأداء الإنساني يعتبر وحدة قياس التعلم السلوكية، لأنه يبين الفرق بين ما كان عليه سلوك الفرد مسبقاً وما صار عليه لاحقاً. فكلما كان التغير أكثر كان التعلم أفضل والعكس صحيح.

الإطار الثاني:العومل التي تؤثر على التعلم:

أهم هذه العوامل التي يهتم بها السلوكيون في مجال التصميم هي:

١- الاهتمام بخصائص المتعلم بإجراء اختبارات بعدية لمعرفة درجة ما حققه المتعلم أو درجة تحسنه.

٢- أن يكون المصمم التدريسي قادراً على التحكم بالبيئة والظروف البيئية المحيطة، ليجعلها مناسبة وملائمة لتحقيق الأهداف المرجوة على أحسن وجه.

٣- اختيار أنواع التعزيز المناسبة للتعلم أو التدريب إذ يرى السلوكيون أن الاستجابة المعززة هي المثير المهيئ لظهور استجابات أخرى معززة.

٤- إعطاء تنظيم المثيرات أهمية كبيرة لأن المثيرات الجيدة والمناسبة تؤدي إلى استجابة صحيحة.

الإطار الثالث: دور الذاكرة:

الذاكرة هي مخزن المعلومات، يتم استرجاعها عند الحاجة. فإذا وجد سلوك الإنسان تعزيزاً كافياً،فإنه يكتسب خبرة تحل في الذاكرة. والتذكر مرادف للخبرات المعرفية، أما النسيان يرادف الخبرات ومتدنية التعزيز، فالذاكرة ضمن هذا النظام هي مجموعة من المثيرات المحددة بروابط اتبعت بتعزيز مناسب، ويتحدد ظهور الاستجابة المناسبة من الذاكرة بكمية التعزيز التي قدمت أثناء تشكيل التعلم وفق سلسلة تعزيزية لاستجابات متتالية متتابعة.

الإطار الرابع: انتقال أثر التعلم والتدريب:

يشير السلوكيون إلى أن التعلم ينتقل بتطبيق الخبرة المتعلمة بطريقة جديدة في مواقف جديدة. ويعطي السلوكيون أهمية للطريقة في تحديد أثر التعلم السابق على التعلم اللاحق.

ويرى السلوكيون أن الانتقال يحدث نتيجة للتعميم، إذ أن المواقف التي تضم عناصر متشابهة ومشتركة ومتقاربة تسمح بنقل الخبرات السابقة وتعميمها على الخبرة الجديدة.

وقد حدد " جانييه" نوعين من الانتقال، هما:

١- الانتقال الأفقي: وهو الذي يتم فيه وجود عناصر ومستوى متكافئ من الصعوبة.

٢- الانتقال العمودي: ويتم حين يحتاج المتعلم إلى خبرات أساسية للانتقال إلى مستوى أعلى من الصعوبة ويشترك مع الخبرات السابقة في الأساسيات.

ويتم الانتقال عند (ثوراندايك) يتم من خلال التدريب الذي يوفر عناصر الشبه بين الاستجابات المتعلمة فإذا أتقن المعلم بناء هذه العناصر أصبح قادراً على تعلم الخبرات أو المهارات التي تترابط أو تتشابه بها. إذ أن الخبرات القابلة للانتقال هي التي تتشابه عناصرها ومكوناتها العامة.

أما (جيتس واليكسندر واس) فأنهما يشيران إلى ما يسـمى بالانتقـال السـلبي، ويعنـي أن بعض الخبرات تعيق نقل خبرات جديدة.

وعندهم أن الفشل الاسترجاعي هو الذي يؤدي إلى النسيان المتسبب عن العجز في تنشيط الذاكرة أو إظهار المعلومات على الذاكرة لاستخدامها.

الإطار الخامس: نواتج التعلم المفضلة التي تتحقق وفق هذا الاتجاه:

حاولت السلوكيات وصف الاستراتيجيات الأكثر فائدة وملاءمة وأكدت على أهمية تقوية الروابط بين المثيرات والاستجابات مع وجود التلميحات التعليمية والتعزيز التي تدعم تقوية حصول التعلم.

وأكدت أن تسهيل التعلم يمكن أن يحدث عن طريق التمييزات والتعميمات التي يقوم بها المتعلم مما يساعده على استدعاء الحقائق والمبادئ والمفاهيم والروابط، واكتساب الخبرات المتعلمة وفق إجراءات معينة.

ويؤكد السلوكيون أهمية التلميحات والمنبهات والارتباطات لأن ذلك يؤدي إلى استدعاء التعلم السلوكي القائم على الربط والتذكر، والاستدعاء، والحفظ، واسترجاع الخبرات.

الإطار السادس: افتراضات النظرية التي تتعلق بتصميم التدريس:

أوضحت المدرسة السلوكية أهمية الاستراتيجيات والآلات التعليمية والتعليم المبرمج منذ نشأتها، وأهمية التعليم السلوكي باستخدام التطبيقات التقنية الحديثة مثل التعلم القائم على البرمجيات في الحاسوب، ولذلك

يتطلب من مصمم التدريس أن يلم بهذه الاستراتيجية ويأخذها بعين الاعتبار في تعليم التصميم السلوكي.

وقد أورد الدكتور يوسف قطامي في كتابه أساسيات تصميم التدريس أهمية النقاط التالية:

١- تأكيد النواتج القابلة للملاحظة والقياس من خلال عمليات صياغة الأهداف السلوكية وتحليل المهمة والتقويم المعياري والمحكي.

٢- إجراء اختبار قبلي يحدد نقطة البدء في موقف التعلم والتدريب، وما تم تصنيفه تحت عنوان تحليل مدخلات المتعلم ليسهم في تخطيط التعلم المناسب للمتعلمين والمتدربين.

٣- تأكيد إتقان الخطوات الأولية البسيطة قبل التقدم نحو مستويات أكثر تعقيداً، متمثلةً في تدرج العرض التدريبي ومتابعة وإتقان التعلم.

٤- استخدام التعزيز الذي يقوي التعلم ويعمل على صيانته من خلال المعززات المحسوسة، والتغذية الراجعة المستمرة والنهاية.

٥- استخدام التلميحات والتشكيل والممارسة، لتأكيد الـروابط القائمـة بـين المثيرات والاستجابات لتعمل على تسريع التعلم الذي يتدرج من البسيط إلى المعقد.

٦- إتباع المتعلم والمتدرب بعض أنماط السلوك الذي يؤدي إلى معرفة النتائج، مـما يعـزز تلك الاستجابة المعززة، ويقويها، ويزيد من احتمال ظهورها.

٧- التغيير والتعديل دائم وثابت نسبياً، ويقاوم الـزوال بمقـدار مـا يحقـق المـتعلم مـن تعزيز أثناء عملية التعلم.

الإطار السابع: أسلوب تنظيم الموقف التعليمي:

يهدف التعلم السلوكي إلى استمرار الاستجابة المرغوبة من المتعلم لذلك فهو يستخدم مجموعة من المثيرات أو المواقف التعليمية المستهدفة، وإلى أن تتحقق الاستجابة يجب أن يكون المتعلم قادراً على إحداث أو إجراء الاستجابات المناسبة وفق ظروف الأداء. ولا بد من اتخاذ أسلوب مناسب يتمثل في ترتيب الموقف التعليمي وتسلسله وتدرجه وزيادة احتمالية الاستجابة، وزيادة فرصة إتباعها بتعزيز من أجل تسهيل التعلم وتحقيق النواتج المرغوبة.

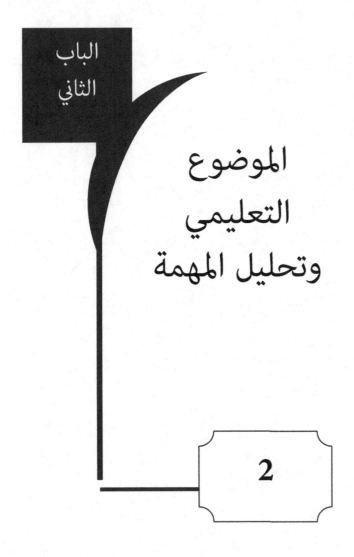

الباب
الثاني

الموضوع
التعليمي
وتحليل المهمة

2

الباب الثاني

الموضوع التعليمي وتحليل المهمة

مقدمة

يتسم موضوع التعليم وتحليل المهمة بأهمية بالغة للمدرس لأن هذا المبحث يقوم على:

أ- تحديد ومعرفة المعلم لمحتوى المادة التعليمية التي سيعطيها للطلاب.

ب- ومعرفة الوحدات الرئيسية التي يتألف منها الموضوع والأهداف لكل موضوع وتحديد المهمات التي يتكون منها.

ج- التخطيط السنوي للكيفية التي سيدرس فيها المساق التعليمي كاملاً والتخطيط اليومي.

والذي يهم المدرس أو المعلم هما التخطيطان اليومي والسنوي لأنهما يحددان الاستراتيجيات المناسبة التي تعمل على تسهيل عملية التدريس، وهما في الوقت نفسه تساعدان المعلم على اختيار أساليب التقويم المناسبة والتي من خلالها يمكنه تعديل أو تحسين أو تطوير الخطة الاستراتيجية للوصول إلى تعليم أمثل.

لذا فإن خطة تصميم التدريس أو التدريب، عندما تبدأ فأنت تبدأ من خلال معرفة الغايات التربوية العريضة للمؤسسة التعليمية، وعن طريقها يتم تحديد الموضوعات الدراسية وهو (الوحدات الدراسية).

التعرف على الغايات التربوية

تعتبر الأهداف التربوية أساس العملية التربوية، والغايات النهائية للتعلم الموجه، لتربية الفرد وتنشئته تنشئة صحيحة من أجل خدمة مجتمعه وبيئته.

وأهم الأهداف التربوية هي:

١- تحدث أثراً في طبيعة الخبرات التي تخطط لمساعدة التلاميذ على تحقيقها.

٢- تؤثر في كيفية اختيار الطرق والأساليب والوسائل المستخدمة لتقديم تلك الخبرات.

٣- يُعد التحديد المسبق للنتائج أو العوائد المنتظرة للتعلم شرطاً أساسياً لإجراء تقويم سليم، للتأكد من مدى تحقق الأهداف.

٤- تعد الأهداف التربوية ذات طبيعة خاصة، تحدد قيمة العمل التربوي، وما تحمله من مسؤوليات عملية وأخلاقية تجاه الفرد والمجتمع.

ونجاح المعلم في وضع أهداف تعليمية محددة وواقعية يتم عن طرق التغذية الراجعة التي يوفرها التقويم، وان التأكد من استعداد التلاميذ لتعلم الموضوع أو المفهوم الجديد يساعد على توفير دوافع كافية لتعلم هذا الموضوع أو المفهوم الجديد.

مستويات الأهداف التربوية:

المستوى الأول: أهداف عامة بعيدة المدى

من الأهداف العامة لتدريس المواد المختلفة:

– مساعدة الفرد على النمو الكامل

– بث روح المسؤولية الاجتماعية.

– إطلاق قوى الفرد الذاتية، ومواهبه.

– غرس القيم الدينية والأخلاقية وتنميتها.

– توجيه الفرد للاستخدام البناء والهادف لوقت الفراغ.

وهذه الأهداف تعتبر أهدافاً نهائية، ولا يمكن تحقيقها في فصل دراسي واحد أو سنة دراسية واحدة وإنما يحتاج تحقيقها إلى سنوات عديدة.

المستوى الثاني: أهداف عامة مرحلية:

ومصدر هذه الأهداف هي الأهداف العامة البعيدة المدى، وهي أكثر تجديداً لكنها أقل عموميةً من الأهداف العامة البعيدة المدى، ويراعي فيها

أنها تشير بدقة إلى مدى التقدم الذي يجب أن يحرزه التلاميذ في فصل دراسي واحد أو سنة دراسية واحدة ومن أمثلتها:

- قراءة الكتاب المقرر قراءة تركيزية وفهمه جيداً.

- معرفة الحالات المختلفة للمادة وتطبيقاتها العملية.

- نقد لمجموعة من النصوص التاريخية تدور حول عهد تاريخي معين.

- إدراك المتعلمين النواحي الجمالية في البيئة.

ويرتبط هذا المستوى من الأهداف بأهداف عريضة بعيدة المدى، وهي مستمدة من المادة الدراسية.

وعلى ذلك يمكن تعريف الهدف العام بأنه: الغرض الرئيسي الذي يمكن تحقيقه خلال عمل معين يجب التوصل إليه كإطار رئيسي شامل وعمومي.

بينما يعرفه آخرون بأنه" تعبير عن تصميم لتغيير ظروف حاضرة إلى ظروف ومعطيات جديدة"

فعندما يقال: إن الهدف من برنامج الدبلوم في الجامعات هو تأهيل الدارسين تربوياً ونفسياً أو تخريج فنين في مجال مساعدي الصيادلة فإن ذلك يقصد به إحداث تغيرات شاملة لدى المتدرب تؤهله لممارسة مهمات عملية جديدة تساعده على تحقيق ذاته مستقبلاً.

المستوى الثالث: أهداف خاصة محددة:

ومصدرها الأهداف العامة المرحلية في المستوى الثاني، وهي تصف نتائج التعلم بصفة عامة، وتنتظر أن يحققها الطلبة في حصة واحدة أو عدد محدد من الحصص، من أمثلتها:

- إدراك مفهوم السائل.

- إجراء نقد لنص قرائي معين.

- تقديم نقد لنص مصدري في أحد دروس التاريخ.

وهذه الأهداف تتم صياغتها بأفعال عامة، تكتب بعموميات صعبة التحقيق وغامضة، ويصعب قياسها، ولا تركز على أي سلوك ظاهري للإنسان، ومن أمثلتها:

أن يتقن مهارة، أن يقدم ل...، أن يعتقد، أن يطور مهارة، أن يحب، أن يقدر أن يطور مهارة، أن يمتلك قدرة، أن يهتم ب...، أن يفهم، أن يعتاد على، أن يصمم، أن يتعلم، أن يقوم، أن يدرك، أن يفهم أهمية.

هذه الصياغات لا تمكن قياس شيء عند المتعلم يفهمه أو يتذكره أو يحبه أو يتعلمه، إلا إذا كانت مقرونة بإنجازات ملموسة، كان تكون مقروءة أو مسموعة أو مشاهدة أو مقيسة....

المستوى الرابع: أهداف سلوكية خاصة:

يمكن صياغتها من الأهداف الخاصة القريبة في المستوى الثالث وهي أكثر تحديداً منها، وتمثل نتائج تعلمية، ينتظر من التلاميذ تحقيقها، وتسهل ملاحظتها وتقويمها. وتسمى العبارات التي تصاغ بها مثل هذه النتائج المرغوبة المتوقعة بالعبارات الهدفية.

وينبغي أن تكون الصياغة واضحة محددة في جمل معينة، ومن الأمثلة على هذه الأهداف السلوكية ما يلي:

- أن يعدد الطالب الجهات الأربعة.

- أن يضع الطالب كلمة (حصن) في جملة مفيدة.

- أن يعين الطالب موقع مدينة القدس على الخارطة.

ويشترط في الهدف السلوكي أن يكون:

أ-   أن يطابق المعايير المرغوب فيها والمطلوب تحقيقها.

ب-   ارتباطه بمستوى الانجاز، ضمن المعايير الزمنية المفروضة.

ج-   مراعاة للاتجاهات والأسس الصحيحة للعمل.

ولتوضيح الخطوات المتبعة في اشتقاق الأهداف السلوكية من الأهداف العامة، فإننا نأخذ المثال الآتي:

- هدف عام بعيد المدى: أن يكتسب المهارات اللغوية الأساسية.

- هدف عام مرحلي: أن يدرس الطالب الموضوعات النحوية المتعلقة بالمنصوبات وفهمها.

- هدف خاص: أن يستوعب الطالب القواعد النحوية الخاصة بالمفعول به.

ويمكن تحليل الهدف الخاص إلى مجموعة من الأهداف السلوكية التي ترتبط به وتنبثق منه، وهي:

- أن يبين الطالب مفهوم المفعول به (وأن يعرف الطالب المفعول به).

- أن يعطي الطالب مثلاً يشتمل على المفعول به.

- أن يعين الطالب المفعول به في عدد من الجمل تعطى له.

- أن يكتب الطالب جملة تكون فيها كلمة (المعلم) مفعولاً به.

أن يميز الطالب المفعول به من غيره من المنصوبات في نص يعطى له.

وتشكل عملية صياغة الأهداف جزءاً مهماً من تصميم التدريس لذلك يجب على مصمم التدريس أن يحيط بهذه العملية بصورة متقنة.

والسؤال الذي تطرحه الأذهان هو: لماذا يميل مصممو التدريس عادةً إلى وضع الأهداف التعليمية في بداية مرحلة التخطيط. والجواب على ذلك هو: (لأنها تساعد في توضيح التفكير، وتسمح للمخطط أو المصمم التدريسي أن يحدد ما الذي ينبغي تعلمه أو انجازه في تعلم موضوع أو مهمة ما.

تحليل المحتوى:

المحتوى هو المادة الدراسية أو الموضوع الدراسي الذي تعمل المدرسة أو المدرسون من خلاله لمساعدة المتعلم على تحقيق الأهداف التربوية والتعليمية لدى التلاميذ.

وهذه الأهداف هي ثلاثة مستويات:

١- الأهداف المعرفية وهي مجموعة الخبرات والمعلومات التي تشمل المفاهيم والحقائق والقواعد والقوانين والمبادئ.

٢- الأهداف الأدائية وهي المهارات النفسحركية والذهنية.

٣- الأهداف الوجدانية وتكون على شكل ميول واتجاهات وقيم (اجتماعية وإنسانية وثقافية ودينية).

وقد بذل كثير من العلماء جهودهم لتحديد المحتوى وعلى رأسهم (ميرل Mirill) في نظريته (العناصر التعليمية) حينما افترض أن عملية التعلم الصفية تحدث وفق إجراءين هما:

١- توضح المادة التعليمية بعد عرضها.

٢- ثم طرح الأسئلة عن المحتوى المتضمن للفكرة العامة، وما يتبعها من أمثلة توضيحية.

كما أن (ميرل) افترض أن نواتج التعلم المنوي تحقيقها من المحتوى يمكن تصنيفها إلى مستويين هما:

● المحتوى التعليمي الذي سيتم تدريسه.

● مستوى الأداء التعليمي المخطط له، بعد المرور في خبرة التعلم.

وعملية محتوى التعليم هي الخبرات والمعارف التي تم التخطيط لها من قبل بما تحتوي من حقائق ومفاهيم وأفكار ومبادئ ومهارات واتجاهات.

وقد يكون المحتوى مستوى مساق تعليمي كامل، أو محتوى حصة صفية أو جزء من أجزاء الدرس.

الخطوات الإجرائية لتحليل المحتوى:

١- قراءة محتوى كل المادة التعليمية ومراجعتها.

٢- تعيين الوحدات والموضوعات الدراسية الرئيسية والفرعية.

٣- تحديد المفاهيم والحقائق والمهارات والمبادئ والاتجاهات المستهدفة بالنسبة لكل موضوع دراسي.

٤- ترتيب الموضوعات والمفاهيم وتنظيمها وفق سياق منطقي يتناسب والبنية المعرفية في الموضوع الدراسي من خلال الآتي:

أ- وضع جدول يضم الموضوعات أو الفقرات الدراسية أو عناوين الدروس، وما يرتبط بهذه العناوين من مفاهيم.

ب- تحديد عدد المحاضرات أو الفقرات الدراسية أو الجلسات التدريبية اليومية والأسبوعية والفصلية والسنوية إذا كانت مواد دراسية مدرسية.

ج- إعداد قائمة تفصيلية أو جدول تفصيلي لكل مفهوم، تحت عنوان فرعي بحيث تتضمن القائمة ما يلي:

١- معلومات تقريرية Prepositional

٢- معلومات شرطية Conditional

٣- معلومات إجرائية Procedural

٤- المهارات المرتبطة بالمفهوم من تحديد للمبادئ والتعميمات والنظريات ومهارات التفكير.

ويمكن توضيح هذه المعارف الثلاث:

الافتراضية (التقريرية) والشرطية، والإجرائية.

١- المعرفة الافتراضية (التقريرية):

وهي معرفة وتتعلق بالمعارف ذات الطبيعية الإعلامية البحتة، وتحتوي المفاهيم والمصطلحات والمبادئ والتعميمات، والنظريات والأبنية و التصنيفات والفئات، والاتجاهات والميول، والقيم والعادات والتقاليد، والأعراف، والمعايير، والحقائق.

ويمكن الإجابة عن هذه المعارف بالأسئلة بأدوات الاستفهام التالية: [لماذا؟ ماذا؟ متى؟ من؟أين؟] لتوضيح العلاقة بين الأسباب والنتائج.

٢- المعرفة الإجرائية:

وهي تتعلق بالمعارف والمعلومات ذات الطبيعة العملية التي يقوم بها المتعلم من أعمال وأفعال وأدوات مختلفة بعد مروره بخبرات وأنشطة تعليمية، ويقوم المخطط بتحديد الأفعال والأعمال لتؤدي مهمتها خطوة خطوة، ويمكن السؤال عنها بأدوات الاستفهام التالية:[كيف؟ لماذا؟] وهي التي يسأل بها عن ترتيب المهارات والأداءات مثل:

كيف يعمل الميكروسكوب؟ ما هي الخطوات المتبعة في التدرب على الحفظ؟

٣- المعرفة الشرطية:

وهي المعرفة التي يتم فيها تقرير الإستراتيجية الأكثر ملائمة لتحقيق الهدف دون غيرها، وتحديد متى ينبغي استخدام الإستراتيجية المحددة في الموقف التعليمي أو وفق الظروف والشروط التعليمية المناسبة.

ويسأل عنها ب(لماذا) و(كيف يمكن أن...) مثل:

لماذا نستخدم الطريقة الاستقرائية في تدريس القواعد؟

لماذا نستخدم الطريقة المعتادة في تدريس الإملاء في الصف الثالث الابتدائي؟ كيف يمكن أن نستفيد من لوحة الجيوب في تدريس الإملاء في الصف الثالث الابتدائي؟

هرم مستويات المعلومات:

تصنف المعلومات بطريقة هرمية مدرجة تبدأ بالحقائق ثم المفاهيم ثم المبادئ ثم

التعميمات ثم القوانين ثم النظريات كما هي مبينة في الشكل التالي:

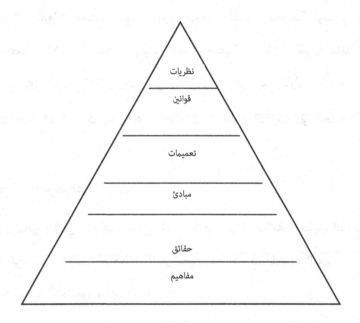

أنواع المحتوى عند ميرل Mirrill:

حدد ميرل أنواع المحتوى بأربعة هي:

الحقائق، المفاهيم، المبادئ، الإجراءات التعليمية، ويمكن توضيحها كما يلي:

النوع الأول: الحقائق Facts

وتضم الخبرات التي يتم تناولها وفق ظروف متعددة، منظمة أو غير منظمة، يتم ترميزها وفق رموز خاصة بالفرد وعموما. وأول ما يبدأ به في التعلم العناصر والرموز والمواضيع والأحداث التي لا تربطها علاقة في

البداية، يتم بعد ذلك تنظيمها بهدف استيعابها تحت عناوين ورموز تتعلق بأحداث أو تواريخ أو ظروف تتضمن علاقات سبب ونتيجة.

وقد حدد "جانييه" الحقائق كالتالي:

● حقائق لفظية.

● مهارات تتمثل فيما يلي:

١- التميز.

٢- المفاهيم الحسية.

٣- معرفة.

٤- قواعد.

٥- استراتيجيات معرفية.

النوع الثاني: المفاهيم:

وهي أفكار مجردة تأتي من خلال خبرات أو مواد دراسية، كمفهوم الديمقراطية، والتغير الاجتماعي ومفهوم الفئة في الرياضيات، فهي بنية

ذهنية تتمثل عادةً في كلمة واحدة أو كلمة وعدد من الألفاظ التي تحدد سمات المفهوم.

ويتألف المفهوم من خبرات ومعلومات الفرد المنظمة حول واحد أو أكثر من الأصناف أو الكيانات أو المدركات سواء كانت أشياء أو أحداثا أو أفكاراً أو عمليات تساعد الفرد على تمييز الكيان أو أفراد الصنف.

وقد حدد " كلوز ماير" مراحل بناء المفاهيم في ثلاث:

أ- المرحلة الأولى:

وهي المستوى الحسي أو المستوى التمثيلي التطابقي، وتتضمن هذه المرحلة الخطوات التالية:

١- القيام بعرض مادة أو شيء حقيقي أو صورة له أو تمثيل له على أية صورة.

٢- تحديد اسم، ومساعدة المتعلم على الربط بين الاسم ودلالته على الشيء.

٣- مناقشة الطلاب فيما يدل عليه المفهوم وتقديم تغذية راجعة فورية لهم.

٤- إعادة عرض المفهوم مرة ثانية، مع تحديد مدى تمكن الطلاب من استيعابه أو معرفته من خلال دلائله وسماته.

٥- تكرار عرض المفهوم حتى يتم التأكد من استيعابه ومعرفته.

ب- المرحلة الثانية: المستوى التصنيفي

وتتضمن هذه المرحلة ما يأتي:

١- توفير أكثر من مثال على المفهوم، وأمثلة أخرى لا تنطبق عليه.

٢- مساعدة المتعلم على الربط بين اسم المفهوم وأمثلته.

٣- مساعدة التلاميذ على التفاعل مع المفهوم عن طريق إدراكه للسمات الخاصة بالمفهوم.

٤- تزويد الطلاب بتغذية راجعة فورية بعد أداء الاستجابات.

ج- المرحلة الثالثة: اكتمال المستوى بين التصنيفي والشكلي:

وتتضمن هذه المرحلة ما يلي:

١- استثارة دوافع الطلبة نحو المفهوم لاستيعابه.

٢- تقديم أمثلة تنتمي للمفهوم المراد تعلمه وأخرى لا تنتمي له.

٣- تهيئة خبرات المتعلم لكي تساعده على إدراك المفهوم واستيعابه.

٤- الطلب من الطلاب أن يذكروا سمات المفهوم الذي تميزه عن غيره.

٥- الطلب من الطلاب تعريف المفهوم.

٦- الطلب من الطلاب استخدام المفهوم في صور مختلفة.

النوع الثالث: المبادئ:

وهي العلاقة السببية التي تربط بين مفهومين أو أكثر وتشير إلى قاعدة أو تعميم أو قانون. وقد عرفها مارزانو Marzano بأنها التعميمات التي تصف العلاقات القائمة بين المفاهيم والمبادئ.

ومن الأمثلة على المبادئ قولنا:

- الزاوية القائمة اكبر من زاوية أخرى في المثلث (مبدأ)
- تناسب حجم الغاز المحصور تناسباً عكسياً مع الضغط الواقع عليه(مبدأ).
- المربع هو شكل رباعي زواياه قوائم وأبعاده متساوية(مبدأ).
- السرعة = $\frac{\text{المسافة}}{\text{الزمن}}$ (قانون)
- كان وأخواتها ترفع المبتدأ وتنصب الخبر(قاعدة).

ونلاحظ من هذه العبارات أنها مجموعة من المفاهيم ترابط بعلاقات شرطية سببية، جعلتها توصف بأنها مبادئ أو قواعد أو قانون أو تعميمات.

أصناف المبادئ عند كاتز وكلوزماير:

صنف هذان العالمان المبادئ خمسة أصناف هي:

١. **مبادئ السبب والنتيجة** حيث العلاقات القائمة بين المفاهيم علاقات سببية.

٢. **المبادئ الإرتباطية**، وتكون العلاقات بينهما طردية بمعنى أنه إذا حصل زيادة في العلاقة في متغير ما تحل زيادة في متغير آخر والعكس صحيح.

٣. **مبادئ الاحتمال**: وهي المبادئ التي تشير إلى احتمالية ظهور حادث أو حالة وتنشأ العلاقة الأساسية بين الأحداث الواقعة، والأحداث المحتملة.

٤. **المبادئ البديهية**: وهي المبادئ التي تتكون من حقائق مقبولة في الثقافات العالمية.

٥. **الإجراءات**: وهي تتألف من عدد من الخطوات والمهارات والطرائق مرتبة حسب تسلسل معين، بحيث يؤدي هذا التسلل إلى تحقيق نواتج محددة.

طرائق معالجة المحتوى التعليمي:

هناك طريقتان يقوم بها المدرسون لمعالجة المحتوى التعليمي، وهما:

١. الطريقة الإستنتاجية:

وهي طريقة تبدأ بالتعميمات (المفاهيم والمبادئ) ثم إلى المشاهدات والتطبيقات.

٢. الطريقة الاستقرائية:

وتبدأ هذه الطريقة بالحقائق والتفاصيل والمشاهدات ثم صياغة مفاهيم ومبادئ تؤدي في النهاية إلى التطبيقات وحل المشكلة.

تحليل المهمة:

يشير مفهوم المهمة ذلك الأداء أو العمل الذي يعتبر جزءاً من العمل ويتألف من عدد كبير من المهمات، تتكامل وتندمج مع غيرها من المهمات التي تكون العمل الكلي.

أما تحليل المهمة فيعني: كيفية أداء المهمة ووصف الخطوات والإجراءات التي يقوم بها الفرد عندما ينفذ المهمة، وتحديد معايير الأداء المقبول في كل خطوة وتحديد المشكلات والصعوبات المتوقعة والبدائل المناسبة للتغلب عليها وتجاوزها.

وتتضمن مجموعة الخطوات أو الإجراءات أو الاداءات ترتيباً محدداً يؤدي القيام به على انجاز المهمة وتحقيق أهدافها على شكل نتاج.

تحليل مهارة حل المشكلة:

هناك تعريفات عدة للمشكلة منها أن المشكلة وضع يحتوي على عائق يحول بين الفرد وتحقيق غرضه المتصل بهذا الوضع أو هو موقف معين يحتوي على هدف يراد تحقيقه.

وعند تحليل المهارة يتم تقسيمها إلى أجزاء أو الخطوات المكونة لها، وعند تجميعها وتنفيذها في سياق معين يؤدي في النهاية المهارة أو العمل المطلوب.

ويعد تحليل المهارة مهماً ومفيداً للأسباب التالية:

لأنه يقود إلى فهم طبيعة التغيرات والتطويرات المقصودة وتحديد التدريب اللازم لتنفيذ أو تحقيق التغييرات المستهدفة سواء أكانت هذه الأهداف معرفية أم النفسحركية أم الوجدانية.

نموذج جانييه في تحليل المهمة التعليمية:

تقوم الخطوة الأولى في تصميم الخطة بتحديد الأهداف التعليمية، فكلما كانت هذه الأعمال أو الأداءات موضوعة ومحددة كانت النتائج المطلوبة أو المستهدفة أكثر وضوحاً.

أما الأهداف من حيث مدى تحقيقها فهي عند جانييه نوعان

أ-   أهداف يمكن تحقيقها في نهاية الدراسة.

ب-   الأهداف التي يجب تحقيقها أثناء الدراسة لأنها سابقة على غيرها.

ويسمى الصنف الأول الأهداف المطلوبة والثاني الأهداف المعينة.

ويتوجب على المعلم تحديد الأهداف، وان يصوغها بعبارات دقيقة توصل إلى تحقيق الهدف بصورة كاملة، لأن الألفاظ والكلمات إذا لم يتم صياغتها بطريقة واضحة تؤدي إلى اللبس والغموض والتشتت والفشل في تحقيق الأهداف التي يجب على المعلمين أن يعرفوا ما هي أهدافهم وما هي أهداف الدرس.

وبمعنى آخر أنه على المعلم أن يعرف ما هي الخطوات التي سيبدأ بها والتي سينتقل إليها، ومعرفة المهارات والإنجازات والأداءات الملائمة والمناسبة للمواقف التعليمية المختلفة.

أنواع تحليل المهمة:

هناك ثلاثة أنواع من تحليل المهمة وهي:

أولاً: تحليل المعلومات: وهي وصف تفصيلي لتحديد الخطوات والأعمال المتلاحقة في الأداء مثل زراعة الأشجار في يوم الشجرة فتكون الخطوات هي:

١- تحديد أماكن الحفر.

٢- حفر الأماكن بالمواصفات المناسبة.

٣- تحضير الأشجار المناسبة.

٤- شق الغلاف البلاستيكي الذي يغلف جذور الشجرة

٥- استخراج النبتة ووضعها في الحفرة.

٦- إهالة التراب عليها وتلبيده.

٧- سقي الشجرة.

ويمكن تطبيق هذه الخطوات على مهارات كثيرة مثل:

مهارة القراءة الصامتة، مهارة حفظ محفوظة، مهارة الطباعة على الآلة الكاتبة وغيرها.

ثانياً: تصـنيف المهـمات التعليميـة:وتعنـي المهـارات العقليـة، المعرفـة، الاتجاهـات، المعلومات، المهارات الحركية. وعلى المعلم أن يعرف نوع المهمة ويصنفها في الجانب الـذي تنتمي إليه كما هو في الجدول الآتي:

جدول يبين تصنيف المهمات التعليمية

الرقم	المهمـــــــة	تصنيف المهمـــــة
١	تمييز حرف السين من الصاد	مهارة عقلية – تمييز
٢	إعطاء مثال على الفاعل	مهارات عقلية – أمثلة على قاعدة نظرية
٣	كتابة موضوع إنشاء	مهارة تركيب
٤	استعمالات النار	معلومات متصلة لإظهار المعنى
٥	تمييز أوزان الشعر	مهارات عقلية
٦	اختيار قراءة القصص	اتجاه
٧	شد برغي	مهارة حركية
٨	تشكيل الكلمات في فقرة	تطبيق، مهارة لغوية
٩	شرح بيت من الشعر	استيعاب، مهارة عقلية
١٠	توضيح أهمية الماء للإنسان	تقويم- مهارة عقلية.

تحليل المهمة:

تحليل المهمة مرتبط بالأهداف التربوية، وهي قضية تربوية يجب على المتعلمين إتقانها، وحق لكل معلم متدرب، فعلى المتعلمين والمدربين أن يختاروا قضايا أو مهارات يحبونها ويسهل عليهم تحليلها.

ويساعد تحليل المهمة في معرفة المتطلبات الأساسية التي تعتمد عليه عملية التعليم.

المتطلبات الأساسية للمهارات الذهنية:

تحتاج المهارات الذهنية كغيرها من المهارات إلى متطلبات أساسية، يتوجب على المعلم أن يعرف ما تحتاجه هذه المهارات التي يعالجها من المتطلبات عند تصميم الخطة التدريسية.

ومن الأمثلة على المهارات الذهنية: الفهم، التطبيق، التحليل، والتركيب والتقويم.

وهذه المهارات هي أهداف بحد ذاتها، وتتكون من مهارات بسيطة وأخرى مساعدة، وتعلم هاتين المهارتين هو متطلب أساسي في تعلم المهارة.

ومن الأمثلة على المهارات الذهنية في عملية الطرح عملية الاستلاف عندما يكون الرقم المطروح أكبر من الرقم المطروح منه، مما يضطر الطالب إلى الاستلاف من الرقم المجاور له على اليسار بعملية حسابية مثل:

$$- \ ٣٢٢$$
$$\underline{١٥٧}$$
$$١٦٥$$

وتشبهها عملية الحمل أو الاحتفاظ باليد في عملية الجمع كما في المثال التالي:

$$٢٥٧+$$
$$٣٨٦$$
$$\underline{٢٩١}$$
$$٩٣٤$$

فتعلم هذه المهارات المساعدة يكون قد حصل مسبقاً، وهي مهمة، ستصبح فيما بعد مهارات أساسية أو متطلباً أساسياً لأنه بدونها لا يتم الطرح أو الجمع.

وعلى ذلك فالمهارات التي تتطلب متطلبات أساسية ومتطلبات مساعدة هي مهارات تتطلب تحليلاً مسبقاً، لأنها تكون صعبة قبل التحليل، لكن التحليل يبسطها ويسهلها وذلك يتطلب من المعلم الوعي بمدى سهولة وصعوبة المهارة.

فالمتعلم الذي يمتلك المهارة يمكنه نقلها إلى مواقف وخبرات جديدة.

التوزيع الهرمي للمهارة:

يفيد التوزيع الهرم للمهارة في تحديد الأوليات التي يتألف منها المهارة، مما يساعد على تحديد الاستعدادات القبلية لتعلم المهارة... كما تساعد المعلم والتلميذ على وضع خطة مناسبة للتدريس، وحسب تدرج مناسب.

وقد حدد جانييه الأهداف التعليمية التي سيركز عليها المدرس في خطته على النحو التالي:

١-   المعلومات اللفظية

٢-   المهارات الذهنية الفكرية.

٣-   الاستراتيجيات المعرفية – لفظاً وتقديم أمثلة على ذلك

٤-   الاتجاهات.

٥-   المهارات الحركية- ممارسة وتغذية راجعة فورية.

ويمكن ترتيب التوزيع الهرمي على النحو التالي:

١-   تحديد الخطوات التعليمية المراد توزيعها.

٢-   تحديد المتطلبات السابقة.

٣-   تحديد التعلم الآتي.

٤-   تحديد قاعدة الهرم التدريبي، وقمته، وما بينهما.

وحتى لا يكون التدريب على المهارة عملية آلية، فإنه افترض أن تكون عملية والتدريب قادرة على تنمية التفكير بتدريب التلاميذ على معالجة المواقف الجديدة، وإتاحة الفرص أمام التلاميذ لنقل خبراتهم ومهاراتهم التي تعلموها إلى هذه المواقف الجديدة، الأمر الذي يتيح فرصة حقيقية للتعلم.

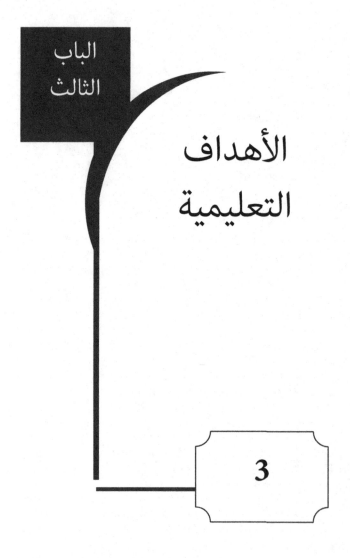

الباب الثالث

الأهداف التعليمية

3

الباب الثالث

الأهداف التعليمية

لابد من تعريف الأهداف بشقيهما، التربوية والتعليمية، للتعرف على العلاقة الرابطة بينهما، وكذلك تبين الفرق بينهما.

الأهداف التربوية:

الأهداف التربوية هي التي تتعلق بالقيم العامة وتعرف بأنها "أهداف وقيم عامة، تتضمنها الفلسفة التربوية وتنبثق منها الأهداف التعليمية".

من هذا التعريف نرى أن الأهداف التربوية هي مصدر الأهداف التعليمية التي تركز على المتعلم، أكثر من التركيز على ما يتعلم.

تعرف الأهداف التعليمية بأنها " ما يود المعلم أن يحققه لدى المتعلم عند الانتهاء من تدريس وحدة دراسية أو موضوع معين"

ويعرفها "جرونلاند" بأنها: (حصيلة عملية التعلم مبلورة في سلوك، على أن هذا السلوك يمكن أن يكون حركياً كالسباحة أو عقلياً مثل معرفة شيء ما، أو انفعالياً مثل اتجاه أو تنمية ميل معين لدى المتعلم).

ويعرفها "دي ستيلو" بأنها: المنتوج النهائي للعملية التدريسية، كما يبدو في إنجاز بشري أو أداء قابل للملاحظة".

ويعرفها "توق" و"عدس" بأنها توضيح رغبة في تغير متوقع في سلوك المتعلم".

مصادر اشتقاق الأهداف التعليمية:

١- المجتمع وفلسفته التربوية، وتراثه الثقافي مـن العـادات والتقاليـد والعلمـي والفنـي والأدبي، والعناصر الجمالية في بيئته.

٢- المتعلمون وخصائصهم وحاجاتهم وميولهم ودوافعهم ومشكلاتهم ومستوى نضجهم وقدراتهم العقلية، وطرق تفكيرهم وتعلمهم وحاجاتهم النفسية.

ويورد قطامي في كتابه أساسيات تصميم التدريس نموذجاً يبين تنظيماً للخطوات والطريقة التي تشتق منها أهداف التدريس، وأهداف التعلم من أهداف المجتمع على النحو التالي:

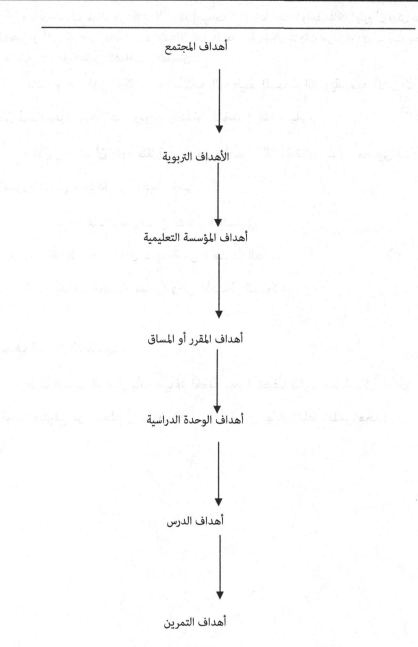

أهداف المجتمع

الأهداف التربوية

أهداف المؤسسة التعليمية

أهداف المقرر أو المساق

أهداف الوحدة الدراسية

أهداف الدرس

أهداف التمرين

وبما أن المهمات الملقاة على عاتق الأسرة قد أصبحت كبيرة وأكثر اتساعاً وتعقيداً، كان يلزم أن توكل هذه المهمات إلى المدرسة، حتى تتحقق هذه الأهداف لدى المتعلم على شكل نتاجات مرغوبة، لأن المدرسة يتوفر فيها خبراء اقدر على تحقيق الأهداف من الوالدين.

فالمعلم هو الذي أوكل إليه المجتمع التخطيط للعملية التربوية، لأنه أقدر الناس على فهم ومعرفة الأهداف التربوية، وأهداف المؤسسة التعليمية.

والمدرس يمكنه أن يقوم بثلاثة أنواع من الأهداف التالية تكون ضمن محتوى المنهاج والمقرر الدراسي لمادة دراسية معينة، وهي:

١-   أهداف عامة وهي ضمن التخطيط السنوي.

٢-   أهداف فصلية أقل عمومية من الأهداف العامة.

٣-   الأهداف الخاصة المباشرة وهي الأهداف السلوكية.

الهدف السلوكي التعليمي:

يعرف الهدف السلوكي بأنه صياغة لغوية معينة تصف سلوكاً معيناً يمكن ملاحظته، وقياسه ويتوقع من المتعلم أن يكون قادراً على أدائه في نهاية نشاط تعلمي محدد.

صياغة الهدف السلوكي:

عند صياغة الهدف السلوكي ينبغي مراعاة ما يلي:

١- أن تصف العبارة الهدفية السلوك المتوقع من المتعلم بعد أن يتم التعلم، والمحتوى والسياق الذي يتم فيه السلوك، مثل:

– أن يقرأ الطالب درس الخبز الأسمر قراءة جهرية سليمة.

– أن يذكر الطالب خطوات الطريقة العلمية في البحث.

٢- أن تصف العبارة سلوكاً تسهل ملاحظته وقياسه والحكم عليه مثل:

– أن يعطي الطالب مثلاً على الفاعل المثنى في جملة مفيدة.

– أن يستخرج الطالب حاصل ضرب ٥×١٢

٣- أن تكون العبارة الهدفية مبدوءة بفعل مضارع مسبوق بأن، باعتبار أن المتعلم سيقوم به مثل:

– أن يرسم الطالب خارطة صماء للمملكة الأردنية الهاشمية.

– أن يكتب الطالب كلمة(سأل) على دفتره.

٤- أن تشير العبارة الهدفية إلى نتيجة التعلم، لا إلى عملية التعلم، أي النتيجة التي سيحققها الطالب من خلال عملية التعلم، وأما عملية التعلم فهي عملية التفاعل بين المتعلم والمعلم والمنهاج والطريقة والأسلوب والوسيلة التعليمية كل عناصر الموقف التعليمي مثل:

– إن يعدد الطالب خصائص الهدف السلوكي.

‑ إن هذه العبارة تصف نتيجة التعلم، لأنها اهتمت بمـا سـيكتبه الطالـب في نهاية الموقف التعليمي.

‑ ومثال على الصياغة التي تصف عملية التعلم قولنا: ‑ أن يتعلم الطالـب جمع عددين مؤلف من خانتين. فكلمة "يتعلم" هي

المشاركة بين الطالب والمدرس والمنهاج والكتاب المقرر وكل العناصر المتاحـة في الموقف التعليمي.

٥‑ أن يشير الفعل إلى سلوك يقوم به الطالـب، وليس المعلم مثل: أن تشرح المعلمة البيت الرابع في القصيدة.

فهذه الصياغة تركز على سلوك المعلمة وليس سلوك الطالب وهي صياغة مرفوضـة، لأنها ليست سلوكية.

٦‑ أن تشمل العبارة الهدفية محتوى السلوك، مثل:

أن يذكر الطالب ثلاثة من أسماء الأسد. فقولنا من "أسماء الأسد" هو تحديد لمحتـوى السلوك.

٧‑ أن تحدد العبارة الهدفية مستوى الأداء المطلوب، مثل:

‑ أن يحدد الطالب سبعة على الأقل من الأسباب الحقيقية للحروب الصليبية.

فإذا عدد سبعة من الأسباب فهو مقبول وناجح، وإذا عـدد سـتة فهـو غـير مقبـول وهكذا...

٨- أن تشتمل العبارة السلوكية فعلاً سلوكياً واحداً، فمن الخطأ أن نقول:

أن تكتب الطالبة كلمة(يئس) على السبورة وتشرحها، لأن العبارة تصف سلوكين هما: الكتابة والشرح، والصواب أن تقول:

- أن تكتب الطالبة كلمة "يئس" على السبورة. أو

- أن تشرح الطالبة كلمة "يئس".

- لأن كل عبارة من العبارتين تصف سلوكاً واحداً.

٩- أن تكون العبارة الهدفية معبرة عن حاجات التلاميذ الحقيقيـة، ومرتبطـة بمتطلبـات المنهج، مثل:

- أن يحدد الطالب ثلاثة أعمال يقوم بها الأب في رعاية الأسرة.

- أن يذكر الطالب وسيلتين يحافظ بهما على أسنانه.

١٠- أن تكون العبارة الهدفية مصاغة على مستوى مناسب من العمومية والشمول، فتصف النواتج المتوقعة في المجالات المعرفية والانفعالية الوجدانية، والنفسحركية المهارية مثل:

– أن يقرأ الطالب درس (عمر بن الخطاب) قراءة سليمة (هدف مهاري)

– أن يذكر الطالب ترتيب (عمر بن الخطاب) بين الخلفاء الراشدين(هدف معرفي).

– أن يُحِبَّ عمر بن الخطاب الخليفة العادل(هدف وجداني).

١١- أن تصف العبارة الهدفية سلوكاً ممكناً، ويستطيع الطالب أن يؤديه، وأن لا يكون معجزاً وأعلى من قدراته، مثل:

–أن يقفز الطالب حاجزاً ارتفاعه ١٨٠ سنتميتر. فإن هذا أعلى من قدراته.

١٢- أن تصف العبارة الهدفية نتاجاً تعليمياً، ينتظر من الطلاب أن يحققوه، ويحدد مستوى من الأداء المقبول دليلاً على بلوغه، مثل:

–أن يطبع الطالب خمسين كلمة في الدقيقة بدون أخطاء، فالنتاج التعليمي في هذا المثال هو قيام الطالب بالطباعة، أما مستوى الأداء المقبول فهو: طباعة خمسين كلمة في دقيقة واحدة بدون أخطاء.

١٣- أن تصف العبارة السلوكية هدفاً قابلاً للتحقـق في فـترة زمنيـة محـددة(حصـة دراسية مثلاً).

فالمدرسة السلوكية تقوم بـدور مهـم في تحديد خصـائص الهـدف السـلوكي، وخاصـة (سكنر) الذي أجرى دراسة موضوعية للسلوك وتحليله.

وخلاصة فرضيته « أن السلوك التعليمي سلوك معقد، وحتى يمكـن فهمـه وتفسـيره، فلا بد من تحليله إلى أجزاء صغيرة جداً تسمى وحدات

سلوكية، لذا فإن ما تم تعلمه على صورة نتاجات تعليمية هي وحدات مصغرة أو أهـداف صغيرة، يمكن تحقيقها في فترة زمنية معينة».

صياغة روبرت ميجر للأهداف:

يتفق جميع المشتغلين بهذا المجال أن الأهداف التربوية يشتق منها الأهداف البعيدة المدى، وهي أهداف المساق التعليمي أو المقرر الدراسي السنوي.

ويرى ميجر أن على المعلم أن يحدد أهدافه، وعليه إذا قرر تدريس مادة ما لطلبته أن يقوم بما يلي:

١- أن تحديد الأهداف التي يرغب في الوصول إليها في نهاية الفصل الدراسي وفي نهاية النشاط التعليمي.

٢- اختيار النشاطات وتحديد المحتوى والأساليب التي تلائم الأهداف.

٣- إثارة الطلبة للتفاعل الصفي مع المادة الدراسية اعتماداً على معرفة لسيكولوجية التعلم.

٤- أن يقيس ويقيم مدى بلوغ كل تلميذ للأهداف التي خطط لها في بداية العملية التعليمية.

والهدف عند «ميجر» هو: «قصد في نفس المعلم يريد تحقيقه لدى المتعلم ويمكن تحقيق هذا الهدف إذا تم تحديده وتوضيحه من خلال ما سيؤديه التلميذ كدلالة على تحقيقه له.

مكونات الهدف السلوكي عند ميجر:

يرى«ميجر» أن للهدف السلوكي ثلاثة مكونات أساسية يجب توافرها فيه، حتى يمكن أن يقال أنه هدف، وهذه المكونات هي:

أولاً: السلوك الظاهري للمتعلم: Overt Behavior

التعلم هو إحداث تغير في سلوك المتعلم ناجم عن الخبرة، بحيث يكون واضحاً ومحدداً وصريحاً ودقيقاً، في صورة مخرجات سلوكية قابلة للقياس والملاحظة والتقويم، يتم إجراؤها وتنفيذها في القراءة وحل التمارين الرياضية والكتابة وأداء المهارات اللفظية أو الحركية.

هذه المهارات يمكن ملاحظتها، لكن الذي يدور في ذهن التلميذ فهو غير ملاحظ ولا يمكن قياسه إلا إذا عبّر عنه بأقوال وسلوكيات واقعية.

وعلى ذلك يقترح ميجر تحديد التغيرات التعليمية المتوقعة بدلالات سلوكية لفظية أو حركية بعد أن يمر في تجربة أو خبرة تعليمية.

ثانياً: شروط الأداء Condition

يتضمن هذا الشرط الظروف التي يحدث من خلالها السلوك النهائي للمتعلم وتتحدد فيه الشروط الواجب توافرها.

فربما يسأل الشخص نفسه: كيف يمكن أن يتم تعلم إخراج لفظة من لسان العرب؟ ما هي الشروط والظروف التي يمكن أن تتبع في ذلك؟

ثالثاً: مستوى الأداء المقبول(المعيار) Criteria

أي تحديد مستوى الأداء المقبول من خلال تحقيق الهدف لدى المتعلم.... ويرى ميجر أن مستوى الأداء المقبول يكون ما بين ٨٠%-١٠٠% شريطة أن لا يقل عن ٨٠% ويمكن تحديد المعايير بصورة منها:

١- معايير تتعلق بتغيرات زمنية مثل:

- أن يقرأ قصة مكونة من صفحتين قراءة فاهمـة خـلال عشرة دقـائق (عشرة دقائق معيار زمني).

- أن يحفظ سورة العلق خلال ربع ساعة.(ربع ساعة معيار زمني).

٢- معايير تتحدد بنسبة الإجابات الصحيحة مثل:

– أن يكتب تسع كلمات من عشرة باللغة الإنجليزية كتابة صحيحة.

– أن يكتب الطالب المعاني العربية المقابلة للكلمات الإنجليزية التي أعطيت له، بدون استخدام القاموس في مدة عشر دقائق.

– أن يعد الطالب عشرة على الأقل من خصائص الهدف السلوكي.

تصنيف بلوم:

صنف Benjamin Bloom (بلوم) عام ١٩٥٦ الأهداف السلوكية في ثلاثة مجالات هي: المجال المعرفي، المجال النفسحركي(المهارات)، والمجال الوجداني.

أهمية الأهداف السلوكية:

تظهر أهمية الأهداف السلوكية الصفية فيما يلي:

١- تخطيط عملية التعلم بشكل منظم ومدروس، وتنظيم وعي المعلم وانتباهه لما خطط له من نواتج تعليمية.

٢- يقلل فرص التخبط والتشتت في السعي نحو متابعة نشاط المعلم.

٣- تقليل العشوائية في الأنشطة والإجراءات كأسلوب التقويم وتوزيع الزمن.

٤- تصنيف الأهداف السلوكية تكون في مجالات ثلاثة هي:

أ- سهولة صياغتها.

ب- سهولة تحقيقها.

ج- قلة الجهود التنظيمية والخبرات التعليمية.

د- لأنهـا تحقـق أهـداف أوليـاء أمـور الطـلاب والمجتمـع التـي تتمركـز عـلى الجوانب المعرفية دون غيرها.

٥- تكون الاختبارات النهائية منها في الغالب كالثانوية العامة.

٦- سهولة قياسها.

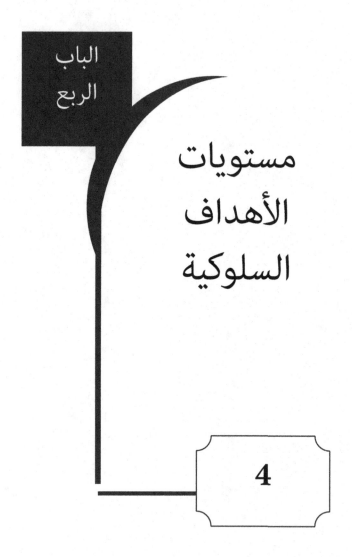

الباب
الربع

مستويات
الأهداف
السلوكية

4

الباب الرابع

مستويات الأهداف السلوكية

صنف "بلوم" الأهداف التعليمية إلى ثلاثة مجالات، هي:

– الأهداف المعرفية.

– الأهداف النفسحركية.

– الأهداف الوجدانية.

وتفترض عملية التصنيف أن نواتج التعلم يمكن وضعها في صورة متغيرات معينة في سلوك التلاميذ، ويمكن للمعلمين أن يستفيدوا من هذا التصنيف في صياغة أهدافهم التعليمية في عبارات سلوكية.

والتغيرات عند القطامي في كتابه "أساسيات تصميم التدريس" نوعان هما:

أ- تغيرات مقصودة ومخطط لها.

ب- تغيرات عرضية غير مقصودة، وغير مخطط لها.

والتغيرات العرضية لا تشكل تعلما مخططا مضبوطا، ولا يستطيع مصمم التدريس اعتماد نتاجات عرضية، لأن ذلك يقلل من جعل العملية

التعليمية عملية منظمة هادفة متدرجة ومتتابعة ويشير في مراحل وترتبط بنواتج.

أهمية تصنيف الأهداف السلوكية:

يحقق تصنيف الأهداف السلوكية ما يأتي:

- توفير مدى واسع للأهداف.

- المساهمة في تسلسل الأهداف.

- تعزيز التعلم.

- التزويد ببناء معرفي.

- توفير نموذج تعلمي.

- ضمان انسجام التدريس.

- المساعدة في صياغة فقرات تقويم مناسبة.

- الإسهام في بناء نموذج لخطة درس أو وحدة.

- تشخيص مشكلات التعلم.

- المساعدة في صنع قرار يتعلق بالتعليم.

مستويات (مجالات الأهداف التعليمية بموجب تصنيف (بلوم):

١- المجال المعرفي الإدراكي أو العقلي: ويتضمن المعلومات والحقائق.

٢- المجال الوجداني الانفعالي (العاطفي): ويتضمن الاتجاهات والقيم وما شابهها.

٣- المجال الحركي (النفسحركي): ويتضمن المهارات.

المستوى الأول: الأهداف المعرفية (الإدراكية العقلية):

وتتعلق أهداف هذا المجال بالمعرفة والقدرات العقلية الذهنية، التي تتراوح بين الاسترجاع البسيط لمواد متعلمة والطرائق الأصلية لربط وتركيب أفكار ومواد جديدة.

ووفق تصنيف بلوم تمَّ تصنيف الأهداف المعرفية إلى ست عمليات ذهنية متسلسلة متتابعة أدناها التذكر ثم الفهم والاستيعاب ثم التطبيق ثم التحلل ثم التركيب ثم التقويم ويمثلها المدرج الآتي:

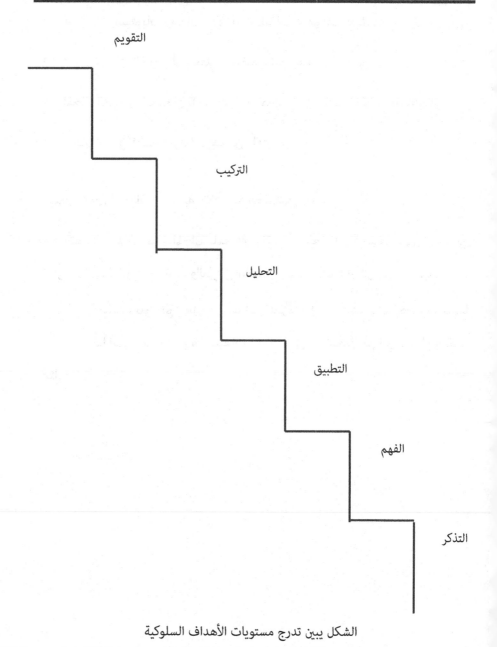

التقويم

التركيب

التحليل

التطبيق

الفهم

التذكر

الشكل يبين تدرج مستويات الأهداف السلوكية

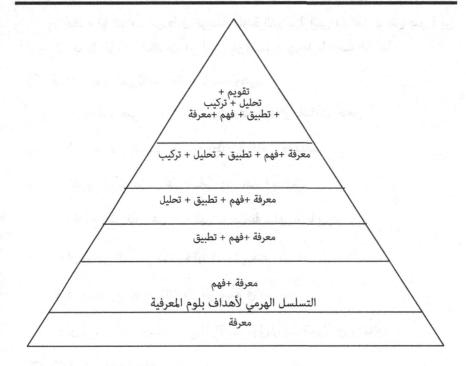

ويمكن تفصيل المستويات المعرفية الستة كالآتي:

١- المعرفة (التذكر) Knowledge

وتعد أبسط مستويات الأهداف في هذا المجال المعرفي، وتتمثل في القدرة على تذكر الحقائق والمعلومات والأفكار والنظريات التي سبق تعلمها في الذاكرة، دون أن تكون هناك ضرورة لفهمها أو تفسيرها.

٢- الاستيعاب والفهم Comprehension

ونلاحظ هذا الهدف عن طرق ترجمة المادة الدراسية التي تم تعلمها من صورة إلى أخرى، كأن يحول المتعلم الكلمات إلى أرقام، أو يفسر مفهوما ما بلغته الخاصة.

ويركز هذا المستوى على ثلاثة أبعاد أساسية، وهي:

أ- الترجمة، وتعني التعبير عن الذات وعن الأفكار بأسلوب خاص.

ب- التفسير: ذكر السبب والشرح بطريقة خاصة ومقنعة.

ج- التنبؤ: التوقع المبني على أساس ومقدمات منطقية.

ومن الصيغ التي تعبر عن هذا الهدف صياغة سلوكية ما يلي:

– أن يعطي الطالب معنى فقرة قرأها بلغته

– أن يستخرج الطالب الأفكار الرئيسية في نص معين.

– أن يقدر الطالب سبب منع المرأة من تولي رئاسة الدولة في الإسلام.

٣– التطبيق Application

وهذا يعني أن المتعلم يستطيع استخدام المعارف والمواد المتعلمة سواء أكانت مفاهيم أو مبادئ أو قواعد أو مهارة في مواقف وأوضاع جديدة مرتبطة بمواقف التعلم الأصلية.

ومن الصيغ التي يعبر بها هذا الهدف الصيغ السلوكية التالية:

– أن يشكل الطالب كلمة تحتها خط في جملة تعطى له.

– أن يستخدم الطالب علامات الترقيم استخداما صحيحا فيما يكتب.

– أن يستخرج السرعة بعد أن يدرس قانون السرعة.

٤– التحليل Analysis

ويعني تفكيك أو تقسيم المادة المتعلمة إلى عناصرها المكونة لها، واكتشاف العلاقة بين الأجزاء.

ومن الصيغ التي يعبر بها عن هذا الهدف:

أ- أن يحلل الطالب الجهاز الذي يعمل به في المختبر.

ب- أن يستخرج أسباب انتصار المسلمين في معركة حطين.

ج- يميز بين الحقائق والفرضيات في قائمة تضم عدداً من الحقائق ومثلها من الفرضيات.

٥– التركيب Synthesis

ويتمثل في القدرة على تجميع أجزاء مع بعضها حتى تكون الشكل الكلي المتكامل، ومن الصيغ التي يعبر بها عن هذا الهدف:

– أن يكتب الطالب قطعة إنشاء مترابطة ومتناسقة.

– أن يضع الطالب عددا من الفروض لحل المشكلة.

– أن يكتب الطالب فقرة يتحدث فيها عن الربيع.

٦- التقويم Evaluation

وهي القدرة على اتخاذ قرارات حاسمة أو التوصل إلى أحكام، استنادا إلى بيئات داخلية أو معايير خارجية، وهو يمثل أعلى فئات الأهداف في المجال الإدراكي، ويدل على قدرة المتعلم على تقدير قيمة الأشياء والمواقف سواء أكانت تلك الأشياء محسوسة أم غير ذلك.

ومن الصيغ التي يعبر بها عن هذا الهدف الصيغ السلوكية التالية:

- أن يصدر الطالب حكما على مدى تنظيم حركة السير في الشارع.

- أن يحدد الطالب أجمل بيت في القصيدة.

- أن ينتقد الأفكار الرئيسية في القصيدة.

ويصنف بعض التربويين الأهداف المعرفية الستة في فئتين:

الأولى: فئة الفهم وتكوين المفاهيم ويندرج تحتها مستويات: المعرفة والاستيعاب والتطبيق والتحليل.

الثانية: فئة الإبداع والعمليات العقلية العليا ويندرج تحتها مستويا التركيب والتقويم.

المستوى الثاني: الأهداف الوجدانية الانفعالية (الاتجاهات والقيم)

Affective domain objectives

يُنمي هذا المستوى مشاعر الطلبة ويعمل على تطويرها وتنمية عقائده وأساليبه في التكليف مع الناس والتعامل مع الأشياء تتصل بدرجة قبول الفرد أو رفضه لشيء معين وتتصف بدرجة كبيرة بالثبات، كالاتجاهات والميول والقيم والتقدير.

وأطلق على هذا الاتجاه "وجداني" لأنه يركز على الأحاسيس والمشاعر وعلى التغيرات الداخلية التي يمكن أن تطرأ على سلوك المتعلم وتجعله

يتبنى موقفا أو مبدءا أو معيارا أو قيمة أو اتجاها يحدد سلوكه كما تؤثر في إصدار الأحكام.

وهذا المستوى من الصعب كتابة أهداف سلوكية محددة في الوجدان، بحيث يكون سلوك المتعلم قابلا للملاحظة والقياس.

وقد صنَّف كراثوول ورفاقه هذا المستوى في خمسة مجالات هي:

Reeiving	الاستقبال	١-
Responding	الاستجابة	٢-
Valuing	التقييم(إعطاء القيم والاتجاهات)	٣-
Organization	التنظيم	٤-
Characterization by value	التمييز بواسطة القيمة	٥-

١- الاستقبال (مستوى الانتباه إلى المثيرات واستقبالها)

وهو أدنى فئات المجال الانفعالي، ويشير إلى اهتمام المعلم بظاهرة معينة أو مثير معين، وتقبل هذه الظاهرة أو ذلك المثير، كالانتباه إلى شرح المعلم، أو الاستمتاع بقراءة كتاب ويندرج تحت هذا المستوى الأهداف التي تتصل بما يلي:

- الوعي كوعي العوامل الجمالية في الفن والتصميم.... الخ.
- الميل إلى الاستقبال (كالاصغاء والإحساس بالحاجات الإنسانية، والمشكلات الاجتماعية).
- الانتباه المتميز بين أمرين.

ومن الأمثلة على الأهداف التعليمية الصيغ التالية:

أ- أن يستمتع الطالب بالاستماع إلى الموسيقى.

ب- أن يصغي الطالب بانتباه إلى شرح المعلم.

ج- أن يحس الطالب بما يعانيه ضحايا التمييز العنصري.

٢- الاستجابة (مستوى الاستجابة الإيجابية للمؤثرات)

وهي المشاركة الإيجابية للمتعلم فيما يمر به من المواقف وهي تتجاوز الاهتمام بالمثير أو الظاهرة إلى التفاعل معهما، وإظهار ردود فعل إيجابية تجاه أي منهما، ويندرج تحت هذا المستوى الأهداف التي تتصل بما يلي:

- قبول الاستجابة.

- الميل إلى الاستجابة.

- القناعة بالاستجابة.

ومن أمثلة الصيغ عليه:

- أن يتقبل الطالب سلوك زملائه ومواقفهم برحابة صدر.

- أن يتشوق الطالب إلى الجهاد في سبيل الله.

- أن يعين أصدقاءه على قضاء حوائجهم.

٣- التقيُّم (التثمين)

تشير إلى قدرة المتعلم على إدراك أن المثير له قيمة أو أهميته معينة، ويتصل بهذا المستوى الأهداف التي تتصل باحترام العمل اليدوي والاعتماد على النفس، والقابلية للعمل مع الآخرين، ونحو ذلك.

ومن الأمثلة لهذا المستوى:

- أن يصدق الطالب في أقواله.

- أن يحافظ الطالب على المواعيد.

- أن يعترف الطالب بأخطائه.

- أن يتجنب الطالب مقاطعة غيره عندما يتحدثون معه

٤- التنظيم

هذا المستوى من الأهداف الوجدانية يدل على العملية التي يدخل فيها المتعلم عدداً من القيم والمواقف التي تتصل بموضوع معين أو مجال محدد كموضوع "الدين، المرأة، الدراسة، المدرسة"، ليشكل به نسقه القيمي الذي يتصل بذلك الموضوع أو المجال.

ويتوقف بلوغ المتعلم هذا المستوى على قدرته في إيجاد العلاقات بين عناصر المجموعة القيمية هذه، والربط بينهما بشكل واضح ودقيق ومتكامل.

ومن الأمثلة على أهداف هذا المستوى ما يلي:

- أن يتحمل الطالب المسؤولية نحو سلوكه.
- أن يتقبل الطالب جوانب الضعف والقوة في شخصيته.
- أن يعترف الطالب بالخطأ.

٥- التميز بواسطة القيمة (وهو مستوى تمثل القيم والاعتزاز بها) ويشير إلى أن المتعلم أو الفرد أخذ يمارس القيم التي تبناها ويلتزم بها في كل أعماله وسـلوكه، وأصـبحت علامة فارقة في كل المواقف ذات العلاقة، أي أنها أصبحت تشكل فلسفته في الحيـاة ينطلق منها في كل مواقفه وتصرفاته، ونستطيع من خلالها تمييز سلوكه والتنبـؤ بـه في كل المواقف المختلفة:

ومن أمثلة الصيغ عن هذا المستوى:

- أن يطور الطالب فلسفة معينة أو ثابتة في الحياة.
- أن يعتمد الطالب على ذاته في أعماله.
- أن يحافظ الطالب على النظام في حياته.

خطوات تعلم الاتجاه Attitude training and learning

يسعى الوالدان والمربون والمعلمون إلى غرس القيم الفاضلة والاتجاهات المكتسبة ذات تأثير في عملية تعلمهم للأهداف الوجدانية والعاطفية، فهناك خطوات يمكن تعليم الاتجاه يمكن إتباعها.

ولابد في هذا الأمر من التفريق بين أمور ثلاثة هي (الميل والاتجاه والقيمة).. فأما الميل هو الشعور نحو شيء إما يحبه أو يكرهه، والاتجاه هو السلوك الذي يظهره الفرد نحو أمر ما أحبه أو كرهه، ويكون أقوى وأثبت من الميل، لكن القيمة فهي أعمق ذهنياً وأقوى من الاتجاه ويتمسك بها الإنسان ويدافع عنها، وتتحكم في سلوك الفرد وتصرفاته وتسيطر عليه ولا ينطلق إلا من خلالها.

وهذا مثل على مرور المتعلم بهذه الاتجاهات والقيم:

"حدّث المعلم تلاميذه عن رجل كان لا يهتم بنظافة جسمه وملابسه ولا يغسل يديه عند تناول الطعام، فأصابه المرض، ووصف المعلم معاناته من الألم والمرض الذي حَلَّ به، فذهب إلى الطبيب، فأخبره الطبيب أن سبب

مرضه عدم غسل يديه قبل تناول طعامه، ولو أنه كان يغسل يديه عند تناول الطعام لما أصابه المرض".

أما هذا المراحل عند الطفل من خلال هذا الحديث فهي كالتالي:

- عندنا سمع الطفل القصة أحب غسل اليدين وكره عدم غسلهما... (ميل).

- إذا قام الطفل بغسل يديه قبل تناول الطعام منتفعاً مـما الواقعـة التـي حـدثت للمـريض فقول: بدأ الاتجاه يتشكل عند الطفل.

- إذا أصبح غسل اليدين عادة عند الطفل قبل تناول الطعام نقول: لقد تكـون الاتجـاه عنـد الطفل.

- إذا صار الطفل مقتنعاً بهذه العادة، وأخذ يدافع عنها، وينطلق منها في تصرفاته نقول: لقد تشكلت عنده القيمة.

وينطبق ذلك على حب القراءة وكراهية التدخين وقد أورد د. القطامي في كتابه أساسيات تصميم التدريس الخطوات السبع التالية لتعلم الاتجاه هي:

١- مستوى تعرف الأشياء والأشخاص والأفعال واستكشاف أنواعها وإبدالها.

٢- مستوى النظر في كل نوع أو بديل وعواقبه ومترتباته.

٣- مستوى الاختيار الحر بين الابدال المتوافرة.

٤- الشعور بالسعادة والارتياح للاختيار الذي وقع عليه المرء.

٥- مستوى إعلان التمسك بالشيء أو الموقف أو الفعل والجهرية.

٦- ممارسة العمل أو السلوك في كل مرة تبرز الحاجة إليه.

٧- الاستعداد للدفاع عن السلوك أو الموقف والتضحية من أجله إذا لزم الأمر.

من هذا نرى أن هذه الميول والاتجاهات والقيم تكتسب بطريقة نظامية تراكمية تنمو وتتقدم، وكلما تحرك المرء في تعلمها من المستوى الأدنى (الاستقبال والاختيار) إلى المستويات الأعلى (التمثل والالتزام) زاد الانتماء للفكرة أو القيمة عمقا واتساعاً وقوة.

وعلى ذلك يرى "كراثوول" وزملاؤه:

أولاً: أن عملية تعلم الأهداف في المجال العاطفي الوجداني واكتسابها تبين مدى وعي الفرد، لأنها تتطور عبر سلسلة من الأحداث النشطة، على نحو ثابت ومنتظم، فتعلم الأهداف في المجال العاطفي الوجداني عملية فردية شخصية، لا تتم إلا عندما يستدخلها الفرد في أعماقه ووجدانه وتصبح جزءاً من شخصيته.

ثانياً: أن تعلم الأهداف في المجال العاطفي الوجداني هي عملية اجتماعية، فالاتجاهات والقيم والأفكار التي تخزن نتيجة الخبرة والأمتثال تتطور في سياقات اجتماعية والالتزام بها يجعل الفرد اجتماعياً ومخالفة هذه القيم يجعله منبوذاً ومرفوضاً.

٣- المستوى الثالث: الأهداف النفسحركية:

في البداية علينا أن نعرف ماذا تعني:

أ- المهارة النفسحركية.

ب- المهارة الحسحركية.

المهارة النفسحركية هي نشاط سلوكي يتطلب تعلمها اكتساب سلسلة من الاستجابات الحركية، فالمهارة على ذلك ذات جانبين:

الأول: نفسي يدرك الفرد فيها الحركة ثم يفكر فيها ثم يستوعبها.

الثاني: ممارسة هذه الحركة... والبعد الحركي هذا ينظر إليه على أنه التقدم في درجات التناسق المطلوبة.

والمهارة النفسحركية هي حركات أدائية راقية تطلب تعلماً وقتاً وجهداً وتنسيقاً دقيقاً بين أعضاء الجسم والجهاز العضلي وعقل الإنسان وجهازه العصبي.

والمهارات الحسحركية هي أنواع من السلوك الموجه نحو المثيرات البيئية الخارجية التي تستثير أعضاء الجسم عن طريق الحواس فقط مثل هز اليدين لالتقاط ما تراه العين أو حركة الجسم ابتعاداً عما يخيف المرء أو يؤذيه مما يرى أو يسمع أو يحس به.

وتعتبر المهارات النفسحركية مهارات مركبة وأكثر رقيا من المهارات الحسحركية، وهي التي توليها المؤسسات التربوية المهنية وغير المهنية عناية

فائقة، لما لها من أهمية للفرد والمجتمع في مجالات التطور والتعلم والإنتاج والإبداع، ومن هذه المهارات القراءة والكتابة واستخدام الآلات الرقيقة والحاسوب وقيادة السيارات.

ومراحل تعليم المهارة هي:

- مرحلة تقديم المهارات.

- مرحلة تعليم المهارات.

- مرحلة المران والتدريب على المهارة.

تصنيف "كبلر" Kibler للأهداف في مجال النفسحركي:

ركز تصنيف كبلر على الأهداف التي تتصل بتعلم المهارات البدنية في مجال التربية الرياضية. وقد اشتمل هذا التصنيف على المهارات النفسحركية التالية:

١- المهارات الحركية الكبرى.

٢- المهارات التي تتطلب لحركات التآزرية الدقيقة.

مهارات التواصل غير اللفظي.Non verbal/ body language

مهارات التواصل اللفظي Verbal Communication

مستويات المجال النفسحركي Psychomotor Domain

المستوى الأول: الأهداف التي تتصل بالحركات الجسمية الكبرى Gross
body movement

ويتضمن هذا المستوى الحركات التي تتطلب في أدائها تنسيقاً بين أعضاء الحس
المختلفة، كما تتطلب السرعة والدقة والقوة مثل:

– قذف الرمح بطريقة صحيحة وإلى مدى معين.

– حمل ثقل بوزن معين، وبطريقة معينة.

– القفز بأنواعه.

وأما المعايير والشروط التي تتحكم وتضبط هذه الأهداف:

القوة والسرعة، الدقة، الوزن، المسافة، والصياغات السلوكية لهذا الهدف:

– أن يقطع الطالب مئة متر بسرعة عشرين ثانية.

– أن يقذف الرمح مسافة ثلاثين متراً.

– أن يقطع مسافة خمسين متراً على الظهر خلال دقيقة واحدة.

وكما نلاحظ فإن هذه الأهداف تركز على الأجزاء الكبيرة الحجم وهي الأعضاء التي
يبدأ التدريب بها، لذلك فإن جميع الطلبة يمكن أن ينجحوا في تحقيق أهدافها.

المستوى الثاني: الأهداف التي تتصل بـالمهارات دقيقـة التنـسيق: Finely coordinated

يشير هذا المستوى من الأهداف السلوكية الأدائية في السلوك النفسحركية إلى الحركات الجسمية التي تتطلب مستوى أرقى من التنسيق والتآزر بين أعضاء الجسم المختلفة لأداء مهارة معينة، ويتطلب هذا النمط من المهارات إلى التعلم المنظم والتدرب الجيد.

ومن أمثلة هذه المهارات:

- الكتابة تتطلب التنسيق بين حركات من اليد والأصابع والعين والجسم.

- القراءة وتتطلب التنسيق بـين حركات كـل مـن العينـين واللسـان والشـفتين والأوتـار الصوتية في الحنجرة.

لذا فإن هذا النوع من المهارة يتطلب تضافر العديد من أعضاء الجسم وحواسه وكذلك إلى البعد المعرفي الذي يعد متطلباً سابقاً لتعلم أي من المهارات السابقة، والبعد الوجداني الذي يعد أساساً للأداء المتفق الكامل لأي منها.

ومن أمثلة الصياغات السلوكية على هذا النوع من المهارات ما يلي:

● أن يكتب الطالب (كلمة، كلمات، عبارة، جملة) بطريقة صحيحة وخط واضح.

● أن يستخدم الطالب آلة الخياطة اليدوية لصنع قميص.

● أن يستخدم المقص في قطع أشكال هندسية من الورق مع زملائه.

المستوى الثالث: الأهداف التي تتصل بمهارات التواصل اللفظي:Non Verbal

وتشمل هذه المهارات التعبير أو نقل الأفكار والمعلومات دون اللجوء إلى الصوت أو الكلام ولكن من خلال الحركات الإيمائية بالرأس، بالعينين، باليدين أو من تعابير الوجه، أو من خلال الجسم كله.

وهذه الإشارات أو الحركات متفق عليها ومفهومة للمجتمع وإلا لن يتم التواصل بين الناقل والمنقول إليه.

ومن أمثلة الصياغات على هذا النوع من الأهداف:

- أن يعبر الطالب عن رفضه لوجهة نظر الآخرين إيماءً برأسه أو بعينيه أو بيده أو بفمه.

- أن يؤدي دوراً يمثل فيه معاناته من ثقل يحمله، دون استخدام اللغة المنطوقة.

المستوى الرابع: الأهداف التي تتصل بالسلوك اللفظي Speech Verbal Behavior

وهذا من الأهداف التي يتم التواصل فيها عن طريق الألفاظ الكلامية الشفوية للتعبير عن الأفكار والمشاعر والآراء والمواقف.

ويستخدم هذا النوع من الأهداف بالقراءة المعبرة والتمثيل الدرامي، والقاء الشعر، واستظهار المحفوظات وتسميعها وتقليد الشخصيات والممثلين.

ومن أمثلة الصياغات على هذا الهدف ما يلي:

- أن يقرأ فقرة من الدرس بصوت مسموع ومعبر.
- أن يلقي خطبة تؤثر في السامعين.
- أن يقلد أصوات شخصيات معينة تعمل في مجالات مختلفة.
- أن يمثل دور الأم التي تدلل ولدها الصغير فتلاطفه بالكلام وتغني له.

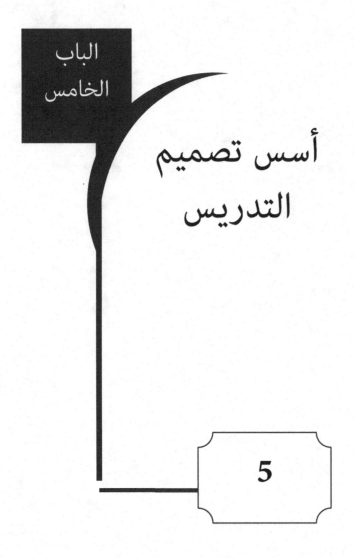

الباب
الخامس

أسس تصميم التدريس

5

الباب الخامس

أسس تصميم التدريس

هناك أسس نظرية عديدة يقوم عليها تصميم التدريس وأهـم هـذه النظريـات

هي:

- نظريات النظم العامة.

- نظريات الاتصال.

- نظريات التعليم.

- نظريات التعلم.

نظرية النظم العامة General Theory system

ونظرية النظم هي المجموعة المكونة التي تتفاعل معاً لتحقيق بعض الأهداف المشتركة، والمعروف أن النظام موجود في الطبيعة وفي جسم الإنسان وفي الحياة العامة داخل المجتمع.

فهو موجود في الطبيعة في أنظمة عديدة منها الطاقة الشمسية والجاذبية، وفي جسم الإنسان الدورة الدموية، والجهاز الهضمي، وفي الحياة العامة مثل نظام السير، ونظام التعليم وغيرها.

وكل نظام من هذه الأنظمة يتفرع إلى وحدات نظامية صغيرة التي بدورها تتفرع إلى وحدات أصغر، لكنها تترابط مع بعضها لتشكل في النهاية نظاماً كاملاً متكاملاً. وأي خلل يعيب أي وحدة من هذه الوحدات فإنه ينعكس على النظام كله.

ويعتبر نظام التدريس أحد عناصر نظام التعليم العام، وأي نجاح تحققه هذه الجزئية، تنعكس آثاره الإيجابية على مجمل النظام.

وقد أفرز تطبيق نظرية النظم على أرض الواقع أدوات التخطيط وحل المشكلات.

وأوجه الشبه واضحة بين نظرية النظم في التعليم وتصميم التدريس، لأنه كلا منهما يقوم على أربع مراحل.

فنظرية النظم مراحلها هي: التحليل ووضع الاستراتيجيات والتقويم والمراجعة، بينما تصميم التدريس يقوم على التحليل والتصميم والتطوير والتنفيذ ثم التقويم والمراجعة.

ونجد هذا الشبه أيضاً مع طريقة حل المشكلات التي تقوم على خطوات متتابعة، وتطبق في العديد من المجالات.

نظريات الاتصال:

هي عملية تبادل المعلومات من شخص إلى آخر... وتعد هذه النظرية ذات أهمية في مجال تصميم التدريس، من خلال ما يتخذ من قرارات، ومن خلال النتائج التي يتم الحصول عليها، وكيفية الاتصال التي تتبع في غرفة الصف.

وقد وضع (شيكرام) نموذجاً يوضح عملية الاتصال، والذي يقول: إن الاتصال يحدث عن طريق إرسال رسالة يتلقاها المستقبل، فإذا كانت الرسالة واضحة، فإنه يتم التقاطها بصورة واضحة والعكس صحيح فإذا كانت مشوشة فإن استقبالها يكون مشوشاً ثم تخضع عملية الإرسال والاستقبال إلى التجربة، فيتم اكتشاف الضعف والخلل في العملية، ثم بالتغذية الراجعة يتم التعديل والتطوير.

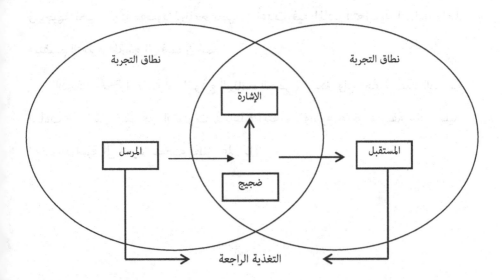

والمعلم في غرفة الصف هو المرسل وذلك بما يرسله من معلومات أو نشاطات أو توضيحات أو نصائح أو توجيهات أو إشارات أو تلميحات والطالب هو المستقبل.

وقد يكون الطالب هو المرسل، والمعلم هو المستقبل، وذلك بالمشاركة في النشاطات أو طرح التساؤلات أو إبداء رأي أو تقديم ملاحظات. وإذا تمت العملية أي التبادل بين الإرسال والاستقبال بصورة دقيقة واضحة، وتمّ فهم الرسائل المتبادلة، فإنها ستحقق الأهداف المرجوة، وغير ذلك تكون النتائج بحسب ما تكون عليه.

وقد ساهمت المدرسة السلوكية، وبشكل كبير في تأسيس هذه النظرية، فقد ركزت على المثير والاستجابة، والسير بالعملية بالخطوات الصغيرة المتدرجة وعلى التعزيز الفوري والتقويم التكويني والتغذية الراجعة والتعلم المبرمج.

أما التعليم المبرمج فهو نوع من التعليم الذاتي يقوم المعلم فيه بقيادة التلميذ وتوجيهه نحو سلوك مقصود لبرنامج تعليمي أعدت فيه المادة التعليمية إعداداً خاصاً. وينقسم التعليم المبرمج إلى قسمين هما:

الأول: البرمجة الخطية أو (انموذج البرنامج الخطي) لسكنر والبرمجة في هذه الطريقة أسلوب متسلسل ثابت من الخطوات لمساعدة المتعلم.. وتقوم هذه الطريقة على تحليل المادة الدراسية إلى أجزاء منفصلة يطلق على كل

جزء منها إطار (Frame) وتتتابع هذه الأطر في خط أفقي يطلق عليه الخط المستقيم، فيمكن للطالب التوصل إلى الإجابة الصحيحة بوساطة التغذية الراجعة.

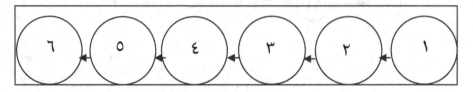

التتابع الخطي عند سكنر

وقد تعرض التعليم المبرمج الخطي لنقد شديد من حيث إنه يعرض الطالب لملل بسبب التكرار وفيه إضاعة للوقت في تقديم الاستجابة للمثيرات... مما دعا "نورمان كراود" إلى ابتكار نظام جديد أطلق عليه النظام المتشعب.

وتقوم فكرة هذا النظام على اختبار تشخيص في نهاية كل فترة تربوية، ومن نتائج هذا الاختيار يتم توجيه الدارس على انفراد... ويترك هذا النوع من البرمجة المجال للدارس قدراً كبيراً من الحرية في أن يختار البرنامج الذي سيدرسه حسب الإجابة عن الأسئلة التي تحدد خط الخبرات التعليمية.

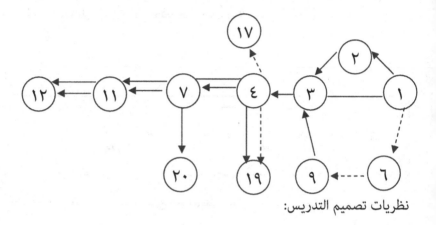

نظريات تصميم التدريس:

يرجع تطور علم تصميم التدريس بشكل سريع إلى نظريات النظم والاتصال والتعليم والتعلم، وكذلك لجهود عدد كبير من العلماء أمثال (سكنر، جانييه، بروتر واوزوبل وغيرهم) إضافة إلى التطور المعرفي وظهور الكثير من الاختراعات والتقنيات التربوية الحديثة والأساليب المتقدمة مثل حل المشكلات. مما ساهم في رفع كفاءة التدريس.

وعلى ذلك فقد عرف بعضهم علم تصميم التدريس بأنه (العلم الذي يعني بالطريقة التي يتم فيها تنظيم الظروف البيئية التعليمية، وتنظيم الخبرات التي يراد استيعابها لتحقيق الأهداف المرغوبة).

وأهم ما يقدمه تصميم التدريس لعملية التدريس من خلال مراحله: التحليل والاستراتيجية والتقويم والمراجعة، أنه يُوصِّل الأهداف بصورة مضمونة، ويجنب الدرسين العشوائية والتخبط.

وبرغم هذا التنظيم للعملية التعليمية، إلا أنه لا يمثل حلاً مثالياً لجميع مشاكل التدريس والتدريب، كما أنه لا يؤدي إلى تعلم فَعّال.

نظرية المكونات التعليمية لـ"ميرل":Compound display Theory

هو إجراء نموذجي يعرض مجموعة من القضايا بطريقة متسلسلة بهدف تنظيم محتوى المادة الدراسية على مستوى جزيئات صغيرة تضم كل جزئية مفاهيم ومبادئ وإجراءات تعليمية، يتم تعليم كل منها على حدة في فصل واحد مدته خمسة وأربعون دقيقة.

وتهتم هذه النظرية بالآتي:

١- تصنيف نتائج التعلم (المحتوى والأداء... ويمكن تصنيف الخطوة الأولى على بعدين هما:

أ- نوع المحتوى التعليمي المراد تعلمه (حقائق ومفاهيم وإجراءات ومبادئ).

ب- مستوى الأداء التعليمي المتوقع من المتعلم بعد عملية التعلم.

٢- أشكال العرض وتشتمل على:

أ- أنماط العرض وهو (الشرح والتساؤل).

ب- عرض العناصر (العموميات، الأمثلة).

وعملية عرض المعلومات تعتبر من أهم مجالات نظرية العناصر التعليمية القائمة على أساس تحليل نوع المحتوى ونتائج التعلم المرغوبة (مستوى الأداء) أو نوع العرض المختار الذي تم تحديده ليصبح الأسلوب المناسب لشرح المادة أو توضيحها.

٣- وصف المنهجية القائمة على التماسك والانسجام بين أشكال العرض ومستوى الأداء.

وهناك ثلاث مجموعات من القواعد التي تحدد تصميم كل مكون تعليمي تتحكم بوصف المنهجية وهذه القواعد هي:

أ- تحديد المكونات وهي المفاهيم والمبادئ.

ب- قواعد الانسجام أي أفضل أشكال العرض الضرورية لنتائج العرض الضرورية.

ج- قواعد الكفاءة أي كفاءة استراتيجيات إيصال المعلومات عرض النصوص والتغذية الراجعة.

وهذه النظرية كما يرى القطامي في كتابه (أساسيات تصميم التدريس) تتشكل من ستة نماذج تدريسية تعتمد على نوع الهدف المراد تحقيقه بطريقة فاعلة.

وهذه النماذج هي:

١- تذكر الحقائق والمعلومات بشكل جزئي.

٢- تذكر الحقائق والمعلومات بشكل غير جزئي.

٣- تذكر المعلومات العامة كالتعريفات المختلفة بشكل حرفي.

٤- تذكر المعلومات العامة كالتعريفات المختلفة بشكل غير حرفي.

٥- تطبيق المعلومات العامة في مواقف جديدة.

٦- اكتشاف المعلومات العامة في المواقف الجديدة.

نظرية ريجيليوت التوسعية Reigeluth Elaborative Theory

تقوم نظرية ريجليوت التوسعية بتنظيم محتوى المادة الدراسية على المستوى الموسع بعكس نظريات المكونات التدريسية لميريل، وهي تنظم مجموعة من المفاهيم أو المبادئ أو الإجراءات أو الحقائق أو منهجاً دراسياً يتم تدريسه في سنة أو فصل أو شهر.

وتنبثق هذه النظرية من مفاهيم المدرسة الجشتالطية التي ترى أن التعليم يتم عن طريق الكل وليس عن طريق الجزء. وقام العالمان "جونسون وفاو" بدراسة هذه النظرية، وتوصلا إلى أربعة أسس في هذه النظرية هي:

١- التعلم الهرمي Learning Hierarchy.

وهذا النموذج وفق جانييه وبرجيز، ويجر.

ويسير هذا النموذج حسب التدرج التعليمي بدءاً بالتعلم الاشاري انتهاء بتعلم المشكلات.

وقد افترض جانييه ما أطلق عليه (المقدرات) كوحدة لاكتساب أي خبرة، كما افترض وجود تعلم سابق لتعلم أي خبرة جديدة وبذلك يستمر التعلم نمواً حتى يصل إلى قمة الهرم.

وقد اعتمدت هذه الاستراتيجية على مفهوم بنية التعلم التي تحتوي البني المفاهيمية وما فيها من حقائق وأفكار التي ينبغي تعلمها قبل أي فكرة جديدة.

٢- النموذج الحلزوني Spiral model.

ويركز برونر في هذا النموذج على أهمية بناء روابط بين المفهوم الجديد والمفاهيم السابقة، لأن هذا النموذج يقدم الخبرات والمعارف بشكل تدريجي من أجل التوصل إلى معرفة متكاملة بطريقة حلزونية، يستوعبها المتعلم وتنضم إلى بيئته المعرفية بعد أن يتمثلها ويهضمها.

٣- نموذج التضمين المعرفي Congnitive Subsumption

وهذا نموذج (اوسوبل) الذي رأى أن المحتوى التدريسي يجب أن يبدأ بمستوى عام يتضمن المعرفة اللاحقة التي يجب إتباعها بخطوات تدريسية تشتمل على عرض عمليات تساعد المتعلم على إحداث عمليات تمايز متعاقبة، وكذلك التدرج في تقويم معلومات أكثر تفصيلاً من المعلومات المحددة التي تدور حول أفكار تعرض بصورة عامة.

وركز اوسوبل على (المتضمنات) ويقصد بذلك الأفكار الفرعية التي تنبثق عن الفكرة العامة الرئيسية، وأنه كلما كان هناك ارتباط وعلاقة تحمل معنى بينهما كان التعليم أكثر فعالية، أي أن تكون مرتبطة معنوياً بالبنية المعرفية للطلاب.

نظرية المخطط المعرفي:

وتقوم هذه النظرية على فكرة استيعاب المعرفة التي تعبر عن فهمنا للأشياء والأحداث كمجموعة من العلاقات بين المفاهيم تؤدي إلى فهم التعلم وتوجيهه والاستدلال عليه.

ويكون المخطط الموجود لدى المتعلم مبني على معلومات تختلف عن المخطط عند غيره إلا أنها أكثر تفصيلاً من معلومات المستوى السابق جديدة كانت أم قديمة. وتمثل نظرية المخطط المعرفي بُنى منظمة مترابطة بمجموعة من العلاقات والتشابه اللغوي، وهذا المخطط يحدد المعرفي الذي يمكن أن يتعلمه التلميذ أو يستطيع اكتسابه.

خلاصة النظرية التوسعية:

اسهمت نظرية ريجيليوت التوسعية إلى التوصل إلى حالة الفهم والاستيعاب للخبرة الكائنة في بنية المتعلم، الذي يصبح قادراً على

استرجاعها عند الحاجة وعند تعرضه لخبرات جديدة ذات علاقة بالخبرات السابقة لدى المتعلم.

كما أسهمت في اختبار محتوى المادة التعليمية وتركيبها وتلخيصها وتنظيمها تسلسلياً من البسيط إلى المعقد ومن العام إلى الأكثر تفصيلاً، وهي أيضاً ساعدت على تنمية قدراته العقلية على مستوى المعرفة والاستيعاب والتطبيق والتحليل والتركيب والتقويم.

المكونات الأساسية لتصميم التدريس:

تتألف عملية تصميم التدريس من أربعة مكونات أساسية هي:

١- المقاصد وهي الأهداف العامة والأهداف الخاصة ونتائج التعلم.

٢- المحتـوى ويشـمل المعلومـات والبيانـات والرسـائل المـراد تدريسـها وإيصالها للمتعلمين.

٣- الأنشطة وتشـتمل علـى اسـتراتيجيات التـدريس وإجـراءات التـعلم والتـمارين أو الأنشطة التي تطرح أثناء عملية التدريس.

٤- التقويم ويشتمل على وضع الاختبارات، وتقويم المتعلمين ومعرفة مـدى تقدمهم وتحقيقهم للأهداف المحددة.

وينبغي أن تكون هذه المكونات منسجمة ومتوافقة ومتكاملة ويرى (روز بنرغ) أن أغلب نماذج تصميم التدريس تضم المراحل الأربعة التالية:

التحليل، التصميم، التطوير، والتنفيذ، وهذه المراحل الأربعة كما يرى هي مرحلة أولى وأن المرحلة الثانية تمثل عملية التقويم كما هو في الشكل الآتي:

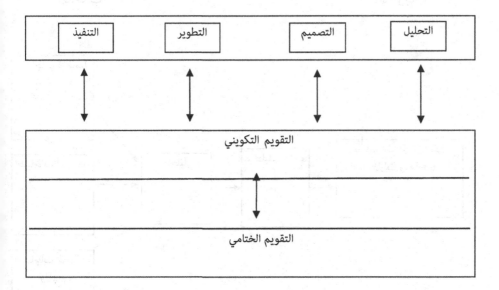

لمراحل تصميم التدريس الأربع، فهي عملية تفاعلية مستمرة مع كل مراحل تصميم التدريس ثم تلي ذلك مرحلة التقويم الختامي التي تحكم على العناصر جميعها والتأكد من مدى فاعلية نماذج تصميم التدريس في تحقيق الأهداف المرجوة.

المرحلة الأولى: مرحلة التحليل الشامل

ويمكن تحديد خطواتها كما هو مبين في الشكل التالي:

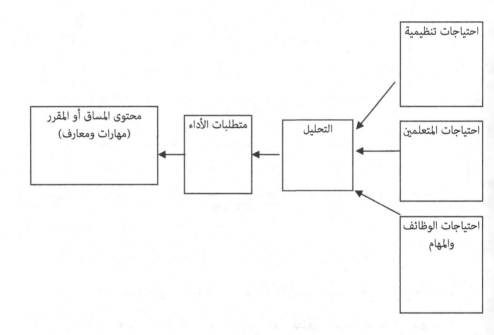

المدخلات   المخرجات

احتياجات تنظيمية

محتوى المساق أو المقرر (مهارات ومعارف) ← متطلبات الأداء ← التحليل ← احتياجات المتعلمين

احتياجات الوظائف والمهام

التقويم:

– هل كل البيانات المتوافرة كاملة ودقيقة؟

– هل قدمت البيانات تفسيراً دقيقاً؟

– هل متطلبات الأداء ممكنة التحقيق خلال التعليم والتدريب؟

– هل مكونات المقرر المقترحة كاملة ووافية لتحقيق الأهداف؟

وتهدف هذه المرحلة إلى تحديد المشكلة من خلال تحديد الحاجات اللازمة وتحويلها إلى معلومات مفيدة لتطوير عملية التدريس والتدريب.

وفي عملية التحليل يتم تحليل المعلومات وترجمتها إلى نشاطات لتحديد ما يلي:

١- طبيعة المشكلة وأسبابها وإجراءات حلها، فإذا كانت أدائية فما هي التدريبات الضرورية لذلك.

٢- خصائص المتعلمين، وخلفياتهم الأكاديمية وأعمارهم وثقافتهم ومستوياتهم ومشكلاتهم وخبراتهم السابقة.

٣- الأهداف العامة والخاصة التعليمية التي ينبغي تحقيقها.

٤- الظروف والشروط التي يتم من خلالها التعلم.

٥- الموارد والإمكانات المتوافرة لتحقيق هذه الأهداف.

٦- الأساليب التي سيتم من خلالها تطبيق المهارات الجديدة.

٧- أي معلومات أخرى لازمة لتطوير برنامج تعليمي جيد.

وإذا عدنا إلى مكونات مرحلة التحليل، نجد أن المدخلات تتكون مما يلي:

١-الاحتياجات التنظيمية:

وهي الاحتياجات التي تؤثر في اتخاذ القرارات المهمة مثل: أي المعلمين سيحصل على التدريب؟ ما هي الأعمال التي سيتم تطويرها، وعدد العاملين المطلوب، والمصادر الضرورية للتحليل، وغيرها؟.

وتسهم الاحتياجات التنظيمية في صنع القرارات الإيجابية نحو المعلم والمتدرب والبرنامج الذي يصمم لهما، ومدى توافر الأمور المتعلقة بإدارة الموقف التعليمي والتدريبي.

ويرى روزنبرغ أن الاحتياجات التنظيمية تعطي تصوراً لعملية تطور التدريب والتعليم ودرجة النجاح المتوقعة، والمعلومات التي يمكن أن تعترض عملية التنفيذ والمراجعة المستمرة في سير العملية بمجملها.

٢-المكون الثاني: احتياجات المتعلمين.

تتعلق معرفة صفات وخصائص المتعلمين بمسألة عملية التعليم والتدريب. وأهم هذه الخصائص التي تؤخذ بعين الاعتبار الخلفيات الثقافية والذهنية والخبرات السابقة التعليمية والتدريبية والقدرات لدى المتعلم والمتدرب، والدوافع والعمر والجنس، وأية أمور لها علاقة بتدريس الأفراد.

ويستخدم أسلوب المقابلة للمتعلمين للكشف عن خصائصها المختلفة من قبل المشرفين التربويين والمختصين.

كما أن ملاحظة الأفراد ودراسة خصائصهم وتقويم قدراتهم يمكن أن تساهم في فهم حاجات أفراد المجموعة المستهدفة لزيادة قدراتهم ورفع كفاءة أدائهم.

٣- احتياجات الوظيفة أو المهمة:

ويقصد بها المهام والكفايات التي يُعد لها أفراد المجموعة المستهدفة.

والغاية من هذه العملية هو تحديد تحليل العمل... فعندما يتم تحليل المهمة يتم تقسيم الخطوات الأساسية إلى أجزاء فرعية بسيطة يحدد من خلالها كل خطوة تحديداً إجرائياً، يحتوي على مستويات مختلفة من المهارات والمعرفة المطلوبة لكل خطوة من أجل بناء المحتوى المعرفي والشرطي والإجرائي للمهمة التي يراد التدرب على أدائها.

مرحلة التحليل:

في هذه المرحلة تتم المقارنة بين مقدرات المتعلم بالمتطلبات الأدائية المطلوبة للمهمة أو الوظيفة لتحديد درجة الانسجام والمطابقة، ومعرفة

الصعوبات وملاحقتها. وتحديد المهارات والمعارف التي ينبغي وجودها لمعالجة هذه الصعوبات.

ويجب في هذا السياق التأكد أولاً: من أن الأهداف التعليمية تعكس بوضوح متطلبات الأداء.

وثانياً: التأكد من أن الاختيارات والمواد والاستراتيجيات المستخدمة تم تصميمها لتسهيل تحقيق أهداف المتعلمين.

وفي نهاية المخطط تأتي عملية التقويم، وهي مرحلة الحصول على تغذية راجعة عن مدى اتقان عناصر التصميم وانسجامها لتحقيق الأهداف المنشودة، ومن خلال التقويم التكويني يمكن إدراك مواطن الخلل والضعف ليتم التحسين والتطوير لتحقيق الأهداف على صورة نواتج تعليمية.

وينبغي أن يتأكد مصمم التدريس من أن متطلبات المعارف والمهارات التي تحددها في مرحلة التحليل صحيحة ودقيقة وشاملة قبل الانتقال إلى مرحلة التصميم.

المرحلة الثانية: مرحلة التصميم

يقصد بهذه المرحلة المخططات والمسودات والمواد التي يُراد تعليمها وكذلك اختيار الوسائل التعليمية المناسبة وتحديد الأساليب في ضوء المكونات الأساسية الأربعة التي ذكرت آنفا.

وتشتمل مراحل التصميم ما يلي:

١- صياغة أهداف المادة أو البرنامج التعليمي بطريقة تحلية المرجع.

٢- تجهيز أسئلة الاحتياجات وكتابتها.

٣- وضع الهيكل العام للموضوع أو المادة التعليمية بحيث تأخذ التسلسل المنطقي.

٤- وضع خطة لعملية تقويم المادة أو البرنامج التعليمي وفي هذه المرحلة يتم تحويل متطلبات الأداء ومهارات العمل والحياة المختارة للتعليم إلى أهداف نهائية يتم تجزئتها إلى أهداف التمكن.

التقويم:

- هل تتعلق الأهداف التعليمية بالأداء المطلوب؟
- هل يرتبط الاختيار بالأهداف التعليمية المحددة؟
- هل تعمل المواد على تحقيق الأهداف التعليمية المحددة؟
- هل تم اختيار استراتيجية التدريس المناسبة لنواتج التدريب والتعليم المرغوبة؟

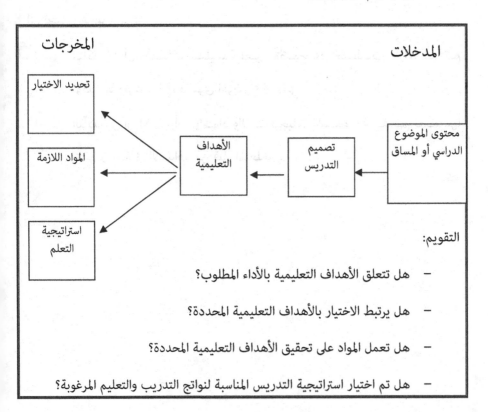

من خلال الشكل السابق نتبين أن عملية التصميم تضم مدخلات ومخرجات وتفترض أن تصميم التدريس تصميم للبيئة بما تحتويه من مواد وأجهزة ووسائل تعليمية ثم إعدادها بطريقة تساعد المتعلم على أن يسير وفقها لتحقيق أهداف منشودة.

كما يلاحظ أن موضوع المساق أو محتواه، يقرر تصميم التدريس والأهداف التعليمية مخرجات مرغوبة تحددها الأهداف التعليمية وطريقة الاختيار والمواد اللازمة واستراتيجية التعليم المناسبة.

ونتبين في نهاية المخطط عملية التقويم التي تم تحديدها بعدد من الأسئلة وتسعى إلى تحقيق غرضين هما:

١- التأكد من أن الأهداف التعليمية تعبر بوضوح عن متطلبات الأداء، كما تم توضيحها وتوصيلها في محتوى الموضوع الدراسي.

٢- التأكد من أن الاختبارات والمواد والاستراتيجيات المستخدمة قد تم تصميمها لتسهيل تحقيق الأهداف من قبل المتعلمين.

المرحلة الثالثة: مرحلة التطوير والإنتاج:

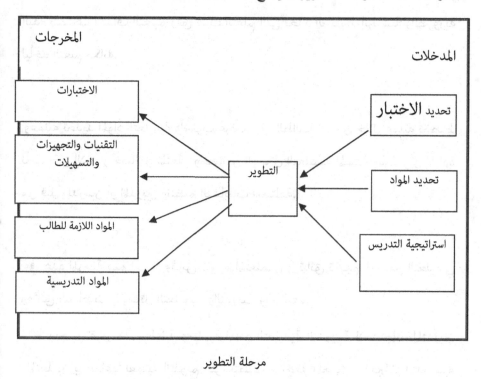

مرحلة التطوير

التقويم:

– هل الاختبار صادق وثابت؟

– هل تستخدم التقنيات التعليمية بفاعلية؟

– هل تقيس الاختبارات الأهداف التعليمية التي وضعت من أجلها؟

– هل تسهل المواد والتسهيلات تحقيق الأهداف التعليمية؟

– هل تم اختيار استراتيجية التعليم المناسبة لتحقيق أهداف التعليم والتدريب المرغوبة؟

يتم في هذه المرحلة تحويل تصميم التدريس إلى مواد تدريب حقيقية، حيث يتم البدء بتصنيف أهداف التعليم وفق فئات التعلم التي تحدد الخطوط الرئيسية والضرورية ليأخذ التعلم مكانه.

وعملية تحديد المواد التعليمية وأسلوب عرضها على الطالب تتم من خلال عملية تخطيط تأخذ بعين الاعتبار خصائص المتعلم وخصائص الوسائل التعليمية المستخدمة لعرض المادة من قبل المدرسين أو المدربين وتنظيم النشاطات المختلفة.

وفي هذه المرحلة يتم إعداد وثائق تقييم المتعلمين ووثائق تقييم البرنامج التعليمي ووثائق النشاطات والوسائل التعليمية، والتدريب والتكليف.

ويجب تقرير مدى فاعلية ومناسبة المادة التعليمية التدريبية لاحتياجات المتدربين والمتعلمين بإخضاعها لعملية التقويم التي تتطلب مراجعة المحتوى والخبرات التدريسية بالاهتمام بعملية بموضوعية الاختبار ودقته وشموليته وسهولة فهمه واستعماله وفاعلية مواد التدريس والتدريب.

وتساهم عملية تطوير الاختبار بتقرير فيما إذا كان هناك مشكلات في اختيار المواد والاستراتيجيات التدريسية. وأن تكون هذه الاختبارات

فاعلة توصف بالصدق والثبات والدقة في القياس ووضوح التعليمات وسهولة التصحيح واستخراج الدرجات على أنه ينبغي اختيار الوسائل التعليمية التي ستستخدم لمعرفة فاعليتها في أداء ما استخدمت من أجله كما من الضروري اختبار المواد التي سيوظفها المعلم، لمعرفة مدى تدرجها وترابطها مع بعضها.

وتكتمل مرحلة التطوير في مرحلة تصميم التعليم الأساسي إذا برهنت عملية الاختبار المطورة أن المواد التي وظفت كانت مناسبة ويمكن استيعابها وفق مثيرات تدريبية بيئية.

رابعاً: مرحلة التنفيذ

ويمكن تشكيلها وفق الشكل التالي:

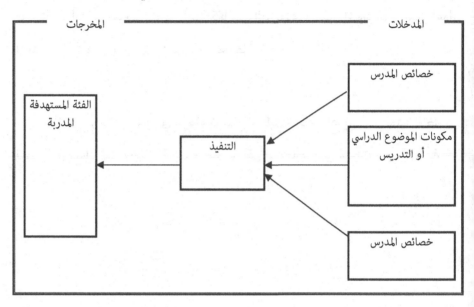

المخرجات   المدخلات

خصائص المدرس

مكونات الموضوع الدراسي أو التدريس

التنفيذ

الفئة المستهدفة المدربة

خصائص المدرس

مرحلة التنفيذ

التقويم:

– هل المدرس مؤهل وقادر على التدريس؟

– هل التسهيلات البيئية مناسبة؟

– هل تعلم الطلاب والمتدربون الموضوع؟

– هل يستطيع الطلاب والمتدربون تأدية ما تعلمه؟

(مرحلة التنفيذ)

تعد هذه المرحلة هي مرحلة التنفيذ الفعلي للبرنامج التعليمي وبداية التدريس الصفي، باستخدام المواد التعليمية التي أعدت مسبقاً، والتأكد من سير جميع النشاطات على أكمل وجه وبطريقة منتظمة.

ويقوم الفريق الذي طوّر عملية تصميم التدريس بتقديم تقرير عن مدى ملاءمة البرنامج وصلاحيته ومحتواه التعليمي في ظروف حقيقية وتقديمها إلى مرحلة التطوير.

ويتطلب هذا من فريق التطوير أن يكون على مهارة عالية في التدريس وجمع بيانات التقويم على جميع مكونات التعليم.

وقد أشار روزنبرغ إلى أهمية المدخلات في هذه المرحلة وأثرها على عملية التصميم، ثم خصائص المدرس ومكونات المادة الدراسية والتدريس، والتسهيلات البيئية للتدريب.

وهذه المدخلات هي:

أ- خصائص المدرس: Instructor characteristics

تعد خصائص المدرس من العناصر التي تؤثر سلباً أو إيجاباً في مرحلة التنفيذ، إذ يشير تصميم التدريس إلى أهمية المدرس المؤهل جيداً، ليضاعف من فرصة الثقة في المواد المقدمة في الصف، ويؤدي إلى تحسين التعامل بين تعامل المدرسين مع الطلاب مما يسهل عملية التعليم والتدريب ويساعد

على استيعاب الطلاب فيكون البرنامج أكثر فاعلية... مما يشير إلى أهمية المدرس في تعلم الطلاب وأدائهم.

ب- مكونات الموضوع أو الدرس: Lesson structure

يتم تحديد الخبرات و الموضوعات المستهدفة، ويجري العمل على ترتيبها وترابطها بعلاقات مع بعضها، حسب أسس تسمح بنجاح التعليم والتدريب، وضمان تحقيق المستوى المحدد في إطار الخبرات والمواد المعدة للمواقف التعليمية والتدريبية.

ج- تسهيلات التدريب وأية عوامل أخرى:

إن توفير الأجهزة والمواد والأدوات اللازمة للتعلم والتدريب يزيد من فرصة سيطرة المتعلم على الخبرات التعليمية والتدريبية المقدمة، وتجعله أكثر تفاعلاً معها، وتزيده ثقة بعلاقات البرنامج الداخلية ومكوناته، وتوفر له الظروف البيئية الهادئة البعيدة عن المشتتات الصوتية والضوئية، لتساعده على الاستفادة من التسهيلات الموجودة لتحقيق الأهداف المرغوبة.

خامساً: التقويم Evaluation

يقصد بالتقويم معرفة ما تم تحقيقه من الأهداف، ومعرفة مواطن الخلل والضعف لتلافيها لتطوير البرنامج التعليمي وتعديله من خلال:

أ-   تقويم البرنامج.

ب-   تقويم القائمين على البرنامج ومعرفة تقدمهم.

ج-   للمحافظة على مواقع القوة ولاستمرار تحقيقها

وتستمر عملية التقويم في مرحلة التنفيذ قصيرة المدى والبعيدة المدى.

ففي مرحلة التنفيذ قصيرة المدى يهتم التقويم باستعدادات المتعلم، والمواد، وتسهيلات التدريب للطلاب المتدربين، بينما تركز مرحلة التنفيذ بعيدة المدى على كشف الصعوبات أو المشكلات في وجه التنفيذ، وهي ذات علاقة بالمواد والتسهيلات والمواد التي تؤثر في فاعلية البرنامج.. وعلى هذا فإن ملاحظة أداء المتدربين والمتعلمين واتجاهاتهم إزاء الموضوع ضرورية في مواقف وبرامج التدريب، كما أن الحصول على معلومات عن جوانب الضعف في البرنامج المصمم في إصلاحه وجعله مناسباً وملبياً للأهداف.

ولأهمية عملية التقويم للبرنامج التعليمي لابد من استشارة الخبراء ومن أخذ رأي المتعلمين ومعرفة مدى تفاعلهم مع البرنامج التعليمي، لإعطاء بيانات تساعد على تحسين البرنامج التعليمي.

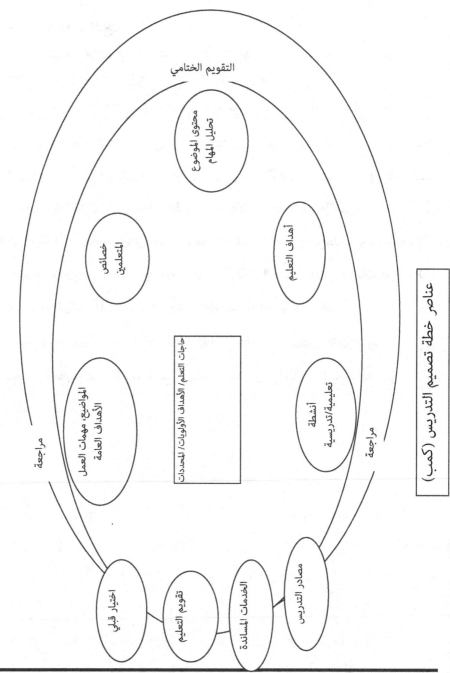

التقويم الختامي

محتوى الموضوع تحليل المهام

أهداف التعليم

خصائص المتعلمين

حاجات التعلم/الأهداف الأولويات/المحددات

أنشطة تعليمية/تدريسية

المواضيع مهمات العمل الأهداف العامة

مراجعة

مراجعة

اختبار قبلي

تقويم التعليم

الخدمات المساندة

مصادر التدريس

عناصر خطة تصميم التدريس (كمب)

نموذج عناصر خطة تصميم التدريس لكمب:

يوضح النموذج السابق العناصر التي ينبغي أن يعالجها مصمم التدريس في البرنامج التدريسي والتدريبي وهي:

١- تحديد حاجات المتعلم لتصميم برنامج التدريس وصياغة الأهداف العامة، والأولويات والمعوقات التي ينبغي التعرف عليها وتنظيمها.

٢- اختيار الموضوعات أو مهمات العمل والأهداف العامة التي ستستخدم في عملية التدريس.

٣- تحديد خصائص المتعلمين أو المتدربين التي يجب أخذها بعين الاعتبار في عملية التخطيط.

٤- تحديد محتوى الموضوع وتحليل المهام المتعلقة بصياغة الأهداف.

٥- صياغة الأهداف التعليمية التي ينبغي إنجازها وفق محتوى الموضوع وتحليل المهام.

٦- تحديد الأنشطة التدريسية التعليمية التي يتم من خلالها تحقيق الأهداف.

٧- تحديد مصادر التعلم التي تساعد في تدعيم الأنشطة التدريسية والتعليمية.

٨- تحديد الخدمات المساندة اللازمة لتطوير الأنشطة التدريسية وتوظيفها والحصول على المواد بنتاجها.

٩- إعداد وتصميم أدوات تقويم النتائج التدريسية والتعليمية.

١٠- تحديد وتصميم الاختبارات القبلية لمعرفة استعدادات المتعلمين أو المتدربين الذين سيدرسون الموضوع.

ونموذج كمب يعد من أهم نماذج التي تستخدم في تصميم التدريس لأنه يحتوي تقويماً تكوينياً وتقويماً شاملاً، وعملية المراجعة والتحسين، وجميع هذه الأمور تجعل التصميم موضع متابعة مستمرة للوصول إلى أكثر الأحوال مناسبة للأهداف.

استراتيجيات مساعدة Supporting strategies

حتى تكون خطة تصميم البرنامج التعليمي أو التدريبي متكاملة لابد من الاستعانة ببعض الاستراتيجيات المساعدة التي تؤثر في التعليم أثناء عملية التعلم وبعده من ذلك:

١- التغذية الراجعة Feed back

أي تزويد المتعلم بمعلومات رقمية أو وصفية كيفية عن مدى تقدمه ومدى تحقق الأهداف لديه على شكل نواتج تعليمية.

وتفيد بتحسين أداء المتعلم بأداء اختبارات أدائية أثناء عملية التدريس (تقويم تكويني) يمكن من خلالها معرفة التفاصيل حول ضعف التلاميذ أو قوتهم أو أية ملاحظات تساعد في تحسين أدائهم.

٢- التسهيلات والامكانات المتاحة:

تساهم الإمكانات المادية من أجهزة ومعدات ووسائل تعليمية في تحسين أداء الطلاب بشكل كبير وتعمل على ترسيخ ما تعلمه في أذهانهم.

٣- الحوافز:

تعد من الاستراتيجيات المهمة في تحسين أداء الفرد وهي نوعان: مادية ومعنوية. فسلوك الفرد يتأثر كثيراً بالحوافز.

وعلى المدرسين بذل الجهود لإثارة اهتمام التلاميذ وحفزهم للمشاركة في صورة إيجابية في النشاطات المختلفة التي تناسب ميولهم.

والحوافز تتخذ أشكالاً متنوعة مثل: عبارات المدح والثناء أو إعطاء العلامات التعزيزية أو شهادات تقدير أو كتابة أسماء المتفوقين على لوحة المتفوقين.

الاتجاهات

هي عملية الانسجام والتوافق بين البرنامج التدريسي واتجاهات المتعلم الأمر الذي يعمل على تحسين التلاميذ. فالاتجاهات الإيجابية تساعد على تحقيق عملية الاستيعاب، وتفاعل المعلم مع البرنامج والإقبال على التعلم والتدريب وعلى تركيز انتباهه، مما يسهم في نجاح البرنامج التعليمي والتدريبي.

افتراضات عملية تصميم التدريس: Instruction design assumption

حتى يتم فهم عملية تصميم التدريس وتطبيقها بنجاح، فلابد من توافر عدد من الافتراضات التي لها أهمية في تفكير وتنفيذ المصمم التدريسي، وتحدد الإطار النظري الذي يحيط بعملية بناء واختيار وتنفيذ المصمم التدريسي، وتوضيح بنيته المنطقية والفلسفية.

الافتراض الأول:

وهذا الجانب يهتم بالإجراءات النظامية التي يعتمدها مصمم التدريس لمعالجة التفاصيل ضمن الخطة.. إذ ينبغي تنظيم وترتيب العناصر بطريقة نظامية ومنطقية، وتحدد مجموعة من الاستراتيجيات التي تهدف إلى تحقيق أهداف تدريسية محددة. وتحدد تفاصيل النشاط التعليمي، وكيف يشارك الطلاب في تحقيق النشاطات التعليمية؟ وما هي النشاطات التي سيقومون بها لتحقيق الأهداف.

وتعتبر هذه الأنشطة مؤشراً لنجاح تصميم التدريس وتطبيق الإجراءات النظامية، لأنها يمكن أن تحقق اسهاماً فعالاً في تحقيق تعلم فعّال.

الافتراض الثاني:

ويهتم هذا الافتراض بالمستوى أو المساق التعليمي أو موضوع دراسي، ويمكن أن يساعد مصممو التدريس والإداريون في اتخاذ قرارات حول الأهداف والاتجاهات والتركيز على البرنامج.

وعمل تصميم التدريس يبدأ عادة بتجديد عملية التدريس وحاجات التدريب التي يراد تحقيقها، وكذلك اختيار الموضوعات وتحديد الاستراتيجيات المناسبة لتسهيل عملية التدريس، وتحقيق الأهداف المتوخاة.

الافتراض الثالث:

وهذا الافتراض يهتم بتطوير خطة تصميم التدريس، ليستخدمها المدرس وفريق التصميم. ولا يشترط عند التطبيق أن تقدم للطلبة على الصورة التي هي عليها عند التخطيط، بل أن كثيراً من العناصر تخضع للتعديل والتغيير.

الافتراض الرابع:

هو العناية بالعمليات التي تعزز التعلم وتسهله لذلك على المعلم دائماً أن يطور أسليب جديدة ومنوعة لتحقيق الأهداف التدريسية وهو يتحمل

جانباً كبيراً من المسؤولية لتحقيق أهداف التدريس، لذلك يجب أن تصمم الأنشطة بطريقة تتيح لكل فرد الاندماج في عملية التعلم.

الافتراض الخامس:

ويتم هذا الافتراض في تلبية حاجات المتعلم في خطة تصميم التدريس وكلما كانت الخطة تلبي حاجاته كلما كانت الخطة أكثر فاعلية، لذلك لا بد أن تراعي التعلم الفردي واستخدام الاتجاهات التقليدية في التدريس.

الافتراض السادس:

ويقصد به الاهتمام بتحقيق مستوى مقبول لجميع الطلاب أثناء عملية التخطيط، مثل توفير خلفية أكاديمية جيدة، وتعليم مناسب ووقت كاف للتعلم واختبارات قبلية.

وقد أظهرت الدراسات أن ٩٠% من مجموع الطلاب يمكن أن يحققوا ما يطلب منهم إذا تحققت لهم الخلفية الدراسية المناسبة.

الافتراض السابع:

ليس هناك طريقة معينة أو حسنة لتصميم التدريس فكل مصمم تدريس يختار الخطة المناسبة ويطورها بما يناسب أهدافه والحكم على الخطة بتحقيق مستوى مقبول من التعليم لدى الطلبة.

وتعرضت هذه الافتراضات إلى انتقادات منها:

١- يجب أن يكون المصمم على دراية ومعرفة واضحة لما ينبغي أن يتعلمه الطلاب.

٢- أن أفضل أنواع التدريس أكثرها تأثيراً، وأكثرها فاعليةً.

٣- يستطيع الطلبة التعلم من خلال بعض وسائل التعلم وقد لا يكون وجود المعلم ضرورياً في عملية التصميم.

٤- هناك مبادئ للتدريس تنطبق على جميع الفئات العمرية، وعلى كافة المناطق مثل المشاركة الفاعلة للطلبة، وتفاعلهم ذهنياً وجسدياً مع المواد التي تدرس.

٥- يجب أن تشمل عملية التقويم أداء الطلبة، وتقويم التدريس، كما يجب أن تجري تغذية راجعة لعملية التدريس بصورة كاملة، وتكون أكثر تأثيراً، وفاعليةً وواقعية.

٦- ينبغي تقويم الطلاب بناء على تحقيقهم لأهداف العملية التعليمية.

٧- ينبغي أن يكون هناك توافق بين الأهداف واستراتيجيات التعلم.

أهمية عملية تصميم التدريس:

كل فرد يشترك في عملية التعلم معني بالفوائد التي يمكن أن تتحقق، فما أهمية عملية تصميم التدريس؟

وتكمن أهمية تصميم التدريس في عدة أمور أهمها:

١- تعطي دليلاً أو مؤشراً على مدى الجهد المبذول في عملية التدريس والوقت الذي تستغرقه والكلفة التي يحتاجها، كما تبين مدى ملاءمة هذه الأمور لعملية التدريس والجدوى والعوائد الاقتصادية، لاتخاذ قرارات باستمرارها أو تعديلها.

٢- تعطي دليلاً لمصمم التدريس على تحقيق برنامج الأنشطة لدى المتعلمين في فترة زمنية مناسبة.

٣- تعطي للمعلم فكرة عن مدى اكتساب المتعلم للكفايات المطلوبة.

٤- تعين المتعلم على تحقيق النجاح في تعلمه والمتعة بما حققه.

٥- وعملية التصميم تعين ٩٥% من الطلاب على أن يتعلموا كل ما يقدم لهم بمستوى مقبول... فقد أكد "بلوم" في دراسته لطرق التدريس على هذا المقول.

٦- إن عملية تصميم التدريس المتقنة تساعد على بناء اتجاهات إيجابية نحو التعلم وهذه الاتجاهات الإيجابية تساهم في بناء برامج تدريبية مناسبة للطلبة والمتدربين.

مزايا استخدام نظام تصميم التدريس:

من أهم هذه المزايا هي:

١- الوقوف إلى جانب الطلبة وتشجيعهم وتأييدهم لأنهم محور العملية التربوية، لذلك يقوم مصمم التدريس بتصميم المحتوى بما يتناسب مع احتياجاتهم، فيضع المصمم نفسه مكان الطالب ليكون التصميم واضحا.

٢- دعم التدريس الفعّال المؤثر بالاهتمام بمشاركة الطالب وتحسين استراتجيات التعلم لتكون مناسبة للمواقف التعليمية وتحسين عملية القويم.

٣- التنسيق والتعاون بين المصممين والقائمين على التطوير ومنفذي التعليم ليساعد على إيجاد لغة اتصال مشتركة لتبادل الآراء حول الإجراءات والمعايير العامة.

٤- تسهيل عملية التوزيع وتولي المهام.

٥- دعم تطوير النظم المختلفة، فإن الكثير من أساليب التدريس تعتبر تقليدية تحتاج إلى تطوير ويمكن استخدام أساليب أكثر فعالية مثل الحاسوب، الفيديو، الآلة الكاتبة.

٦- تحدث الانسجام بين الأهداف والنشاطات والتقويم.

تطبيق عملية تصميم التدريس في عمليات التدريس وبرامج التدريب لمهنية:

التصميم لبرنامج مهني تدريبي يختلف عنه لبرنامج أكاديمي لاختلاف المتطلبات، ففي متطلبات البرنامج المهني تركز على المعارف والمهارات الضرورية للأداء على مهمات محددة.

ويكون المعلم قد أعد نفسه ليستخدم ما تعلمه لعدد كبير من الحاجات المنية المستقبلية، والحاجات الشخصية ورغم هذا الفرق في التصميم لأن كليهما يحتاج إلى العمليات التفكيرية الشاملة نفسها مع التركيز على عناصر التصميم المتشابهة.

ولذلك فإننا نرى أن المبادئ المتماثلة تطلب الخبرات.

خطوات تصميم التدريس:

تتألف خطوات تصميم التدريس من الآتي:

١- تحديد المحتوى.

٢- تحليل المهمة التعليمية.

٣- تحديد السلوك المدخلي.

٤- كتابة الأهداف الأدائية.

٥- تطوير الاختبارات المحكية.

٦- تطوير إستراتيجية التعلم.

٧- تنظيم المحتوى التعليمي.

٨- تطوير المواد التعليمية واختبارها.

٩- تصميم عملية التقويم التكويني.

المشاركون في عملية التصميم:

١- مصمم التدريس: هو الذي يرسم الإجراءات التعليمية وينسقها في خطة مرسومة ومدروسة.

٢- المدرس هو القادر متعاونا مع المصمم على تنفيذ البرنامج.

٣- اختصاصي الموضوع: وهو رجل مؤهل، يستطيع تقويم المعلومات والمصادر وهو مسؤول عن دقة المحتوى والأنشطة والمواد المرتبطة به.

٤- المقوم: هو رجل يستطيع مساعدة المدرسين في تطوير أدوات التقويم وهو المسؤول عن جميع البيانات وتفسيرها، خلال تجريب البرنامج لتقدير مدى فاعليته وكفاءته وفق ظروف عادية وهو المسؤول أيضاً عن تقويم البرنامج والتصاميم التدريسية والحكم على جودتها وفعاليتها.

تصميم التدريس عمل إبداعي:

يرى "كمب" أن عملية التدريس هي عملية إنسانية وفق خطط، يمكن إدخال تعديلات عليها وتحسينها إلى الأفضل، وتلافي العيوب والأخطاء التي قد تكون فيها. وهي ليست آلية أو أنها تقليدية، بهدف توصيل الأهداف المقصودة إلى الطلاب بالصورة المثلى.

وينكر "كمب" مزاعم من يقول إن عملية تصميم التدريس تعيق عملية التدريس، لأن هدف التصميم استغلال إمكانيات الطلبة وقدراتهم من تصميم التدريس، تقوم بتنظيم بيئة المتعلم لإيصال الأهداف المرغوبة.

والإبداع في تصميم التدريس، هو وضع العناصر المتاحة أمام الجميع ضمن مخطط لتحقيق نواتج جديدة لا يمكن أن تتحقق إلا بهذه الطريق.

ويبذل المصممون أن تكون النماذج التي يعدونها متجاوبة مع حاجات التلاميذ. مما يؤدي إلى تحقيق مفهوم الإبداع بصورة عامة، والبعد عن تقليد الآخرين.

ويقول بعض العلماء أن نموذج "كمب البيضوي" هو من النماذج الإبداعية في مجال تصميم التدريس.

والأنشطة التالية تعد من الأنشطة الإبداعية التي يقوم بها المعلم أو مصمم التدريس وهي:

١- تحديد المواقف التي تسمح للطلبة بتطوير أفكارهم، والتعبير عنها بطريقة جديدة.

٢- توفير المرونة لمخططات تصميم التدريس لإتاحة البيئة المناسبة أمام العملية التعليمية.

٣- إعطاء الفرصة أمام الطلاب للتعبير عن أفكارهم المستقلة في الأنشطة المقدمة لهم.

٤- تزويد التلاميذ بأنشطة تعليمية مفتوحة النهاية، تسهم في تطوير الإبداع لديهم.

٥- مراعاة المعلم ومصمم التدريس الفردية للمتعلم، وقدراته واستعداداته الخاصة ومستوى تطور شخصيته، مما يسهم في تطوير القدرات الإبداعية لديه.

٦- مساعدة المدرس على تعميق مهمة الأنشطة والإجراءات التعليمية الصفية، مما يجعل عملية التصميم عملية منظمة تحتاج إلى إعداد وتأهيل.

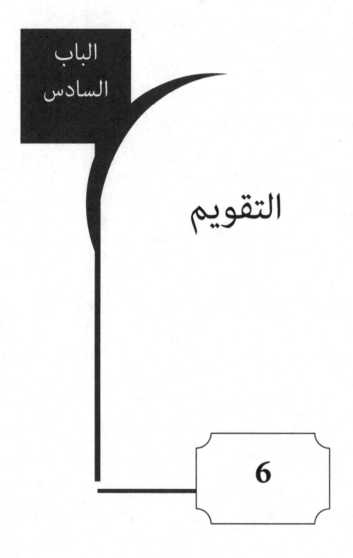

الباب
السادس

التقويم

6

الباب السادس

التقويم

يحتل التقويم جزءا كبيرا من دور مصمم التدريس، وعملية التقويم تأتي في نهاية الخطة، مع أن أسلوب التقويم يتحدد عادة في بداية الخطة. كما هو في الشكل التالي:

موقع عملية التقويم في تصميم التدريس

منحنى النظم لتصميم التدريس عند (ديك وكاري):

يعتبر هذا النموذج من النماذج لتعليمية التدريبية، للذين يرغبون في اكتساب المعارف والمهارات، لتعينهم على ممارسة التعليم والتدريب في مثل المدرسين ومصممي التعليم الذي يعملون في المدارس المهنية، والتدريب الصناعي أو العسكري والعلوم الصحية، الطب والقانون، والتدريب المهني، فهو نموذج عملي يمكن استخدامه ببساطة وسهولة، فهو يركز على المهارات ويربط بين النظرية والتطبيق.

ويتكون هذا النموذج من تسع خطوات رئيسة، تمثل الإجراءات التي يستخدمها الفرد عند استخدام المنهج النظامي في تصميم المواد التعليمية، كالشكل الآتي:

١) نظام ديك وكاري

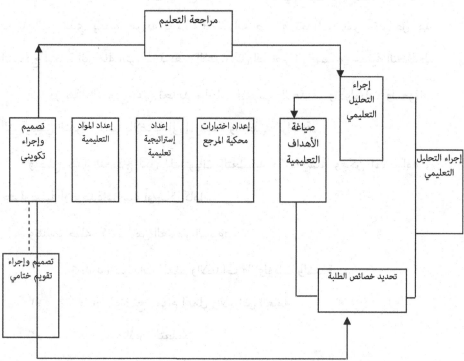

نموذج ديك وكاري

٢) نظام كمب لتصميم التدريس

رز "كمب" في أنموذجه على التتابع ولتسلسل المنطقي، دون أن يكون هناك ترتيب ثابت، الأمر الذي يعطيه مرونة لحذف بعض العناصر أو تعديلها. ومن خصائص هذا النموذج النظرة الشاملة التي تأخذ بعين الاعتبار كل العناصر الرئيسية في عملية التخطيط.

كما رز هذا النموذج على تحديد حاجات المتعلم والأهداف والأولويات والمعوقات التي ينبغي التعرف عليها بالإضافة إلى المراجعة والتغذية الراجعة.

ويصلح هذا النموذج لكل المستويات التعليمية والتدريسية ويمكن استخدامه في حصة صفية أو وحدة دراسية أو ساق كامل.

وتتألف خطة "كمب" من العناصر التالية:

١- تحديد احتياجات المعلم والأهداف والأولويات والمعوقات.

٢- اختيار المواضيع ومهام اعمل والأغراض العامة.

٣- تحديد خصائص المتعلمين.

٤- تحديد محتوى الموضوع، وتحليل المهام المتعلقة بالأهداف.

٥- صياغة الأهداف التعليمية.

٦- تصميم النشاطات التدريسية.

٧- تحديد مصادر التعلم.

٨- تحديد المصادر المساندة.

٩-‏   إعداد أدوات التقديم.

١٠-‏   تحديد الاختبارات القبلية لمعرفة استعداد المتعلمين.

١١-‏   اهتم كب بالتقويم القبلي والتكويني والختامي، والتغذية الراجعة كالشكل

الآتي:

عناصر خطة التصميم عند "كمب"

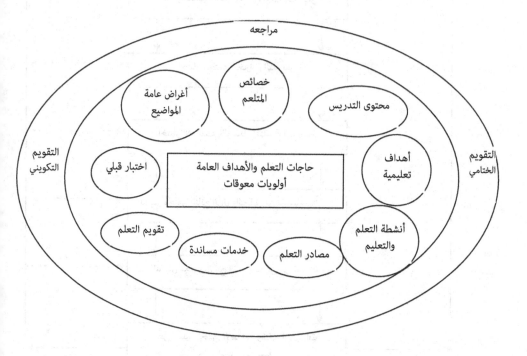

تحديد المعطيات الثقافية للتدريس
تحديد المواصفات المتعلقة بالطالب
تحديد الاستعداد التعليمي والتحقق من توفره
اختيار النواتج التعليمية وتنظيمها للتدريس
اختيار محتوى الخبرات التدريس
اختيار الأساليب والوسائل المناسبة للتدريس
تدريس محتوى الناتج الأول والتحقق من تحصيله
تدريس محتوى الناتج الثاني والتحقق من تحصيله
تعزيز مدى تحقق الأهداف وكتابة الإجراءات والأساليب التدريسية

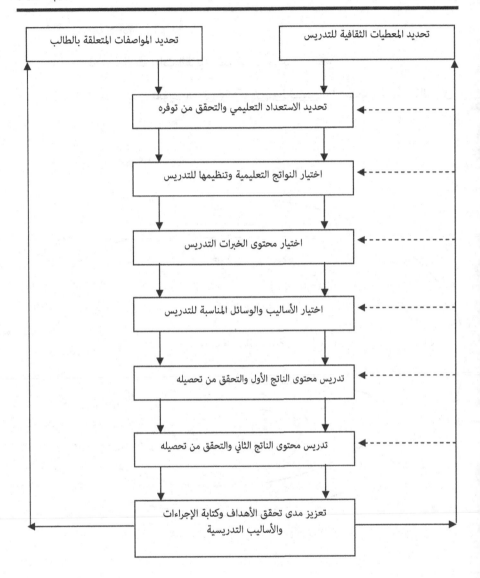

نظام هايمان وشولز

ركز نظام هايمان وشولز على نقطتين هما:

- تحديد المعطيات الثقافية للتدريس.

- تحديد المواصفات المتعلقة بالطلبة.

التقويم والقياس والاختبار والعلاقة بينهما:

١- التقويم:

للتقويم دلالتان:

الأولى: التقويم بمعنى التصحيح والتعديل

الثانية: التقويم بمعنى التقدير والتثمين، نقول: قَوَّم التاجر البضاعة: إذا قَدَّر ثمنها، وأعطاها قيمة معنوية.

وقد تفاوتت تعريفات العلماء للتقويم في دقتها وشموليتها وأفضل هذه التعريفات تعريف (بلوم) إذ يقول: (التقويم إصدار حكم لغرض ما على قيمة الأفكار، والأعمال، والحلول، والطرق والمواد...الخ وأنه يتضمن استخدام المحكات، والمستويات والمعايير، لتقدير مدى كفاية الأشياء، ودقتها وفعاليتها، ويكون التقويم كمياً وكيفياً"

التقويم بالمفهوم التربوي:

لقد عرفه د. حلمي أحمد الوكيل بقوله: "إنه العملية التي ترمي إلى معرفة مدى النجاح، أو الفشل في تحقيق الأهداف العامة، التي يتضمنها المنهج، وكذلك نقاط القوة والضعف، حتى يمكن تحيق الأهداف المنشودة بأحسن صورة ممكنة".

القياس:

عرف قاموس (وبستر) القياس وقال إنه: (التحقق بالتجربة أو الاختبار من المدى، أو الدرجة، أو الكمية، أو الأبعاد، أو السعة بوساطة أداة القياس" ونلاحظ من التعريف أنه تحديد الكمية أي إعطاء قيمة لصفة مقاسة كالذكاء والتحصيل. وقد عرفه د. سبع أبو لبده في كتابه بأنه :(العملية التي تحدد بوساطتها كمية ما يوجد في الشيء من الخاصية أو السمة التي نعيشها). ومن التعريف نرى أن القياس عملية جمع المعلومات وتقديرها كميا، باستخدام معايير معينة.

الاختبار:

الاختبار هو طريقة منظمة، تهدف إلى مسح المعلومات عن السلوك المقصود قياسه بهدف الوصول إلى مقارنة الفرد مع غيره أو مع نفسه، في ضوء سلم معين أو مقاييس محددة.

وفي مجال التحصيل يعرف الاختبار بأنه وسيلة لقياس تحصيل الطالب في حقول المعرفة، وتجديد مكانه أو مركزه فيها بهدف علاج نواحي الضعف والقصور، وتوفير الظروف الملائمة لنموه في المواد التي يتميز فيها.

ويتبين من تعريفات التقويم والقياس والاختبار، أن الاختبار جزء من القياس وأن القياس جزء من التقويم. ويمكن تمثيلها بالشكل الآتي:

الشكل يبين علاقة الاختبار بالقياس، والقياس بالتقويم

الفرق بين القياس والتقويم والاختبار في تصميم التدريس:

لإزالة الغموض بين مفاهيم القياس والتقويم، وحتى يزول أي خلط بين المفهومين، فإنه لا بد من تحديد الفروق بينهما، خصوصاً وأن التقويم أعم واشمل من القياس، وهذه مقارنة توضح هذه الفروق:

مقارنة بين القياس والتقويم

	القياس		التقويم
١	القياس يهتم بوصف السلوك، ومعنى ذلك أنه يهتم بالوسائل.	١	التقويم يهتم بالمعايير ومدى صلاحيتها ووسائل تطبيقها وتقرير أمرها.
٢	القياس يقتصر على التقدير (الوصف) الكمي للسلوك معتمدا على الأرقام في إعطاء النتيجة النهائية للموضوع المقاس، والقياس إحدى الأدوات في التقويم.	٢	التقويم يشمل التقدير الكمي والنوعي (الكيفي) للسلوك، كما يشمل حكما يتعلق بنتيجة السلوك وعليه فالتقويم أكثر شمولاً من القياس، والقياس يمثل إحدى الأدوات أو الوسائل المستخدمة فيه.
٣	القياس يكون محدداً ببعض المعلومات عن الموضوع المقيس.	٣	التقويم يعد عملية تشخيصية علاجية في آن واحد.
٤	القياس يعتمد على الدقة الرقمية.	٤	التقويم يعتمد على عدد من المبادئ والأسس، ومن أبرز هذه المبادئ والأسس: الشمول والتشخيص والعلاج ومراعاة الفروق الفردية والتنوع في الوسائل المستخدمة.

٥	القياس يقتصر على تقديم وصف للموضوع المراد قياسه دون أن يهتم بالربط بين جوانبه.	٥	التقويم يقوم على أساس مقارنة الشخص مع نفسه ومع الآخرين.
٦	القياس أكثر موضوعية من التقويم لكنه أقل منه قيمة من الناحية التربوية، لأن معرفة النتائج بدقة موضوعية من غير تقدير لقيمتها لا يعني شيئاً.	٦	التقويم تفسير النتائج، وتقدير قيمتها في ضوء معايير محددة وتتخذ أساساً لمساعدة التلاميذ على النمو، وهو ما تقوم به عملية التقويم.

أغراض القياس:

١- المسح: أي جمع المعلومات وحصرها والإمكانات المتعلقة بالموضوع في المجال التربوي.

٢- التشخيص والعلاج: أي تشخيص ما لدى الطلاب من خبرات واستيعابها، لتحديد مواطن القدرة والضعف، لإجراء عمليات صيانة وتحسين.

٣- التنبؤ: بهدف معرفة ما سيكون عليه الفرد في مرحلة لاحقة في ضوء ما يتوافر عنه من معلومات سابقة.

٤- التصنيف والتصفية: أي وضع الإنسان المناسب في المكان المناسب، وهناك وسائل لهذه العملية أهمها: المقابلة الملاحظة، الاختبارات.

٥- التوجيه والإرشاد: وفقا للنتائج فإنه يتم اكتشاف المشكلات النفسية أو الاجتماعية أو الدراسية أو المهنية، مما يستدعي تحويل التلاميذ إلى مرشدين مختصين لمساعدتهم للتغلب على مشكلاتهم.

٦- صنع القرار (اتخاذ القرار) أي أنه بناء على المسح والتشخيص والعلاج والتصنيف والتصفية، يتم اتخاذ القرارات المناسبة والأحكام التي تتناسب مع الموضوعات المختلفة.

وتستند عملية القياس على مبدأ: أن كل شيء يوجد بمقدار، وبما أنه يوجد بمقدار، فإنه يمكن قياسه. وهذا المبدأ أو الفرضية قائم على فرضية التحصيل، بمعنى أن أي تحصيل تعلمي يمكن أن يتحقق لدى الطلبة بمستوى غير ثابت، فهو متغير له نقطة عددية دنيا ونقطة عددية عليا، ولذلك يمكن قياسه بإحدى أدوات الكمية.

خصائص القياس:

١- يوصف بكميات، وأعداد وأرقام أي أنه عملية كمية.

٢- إنه قياس مباشر، فعندما نقيس الذكاء، فإننا نقيس مظاهره وكذلك التعلم نقيس مظاهره، أي نستدل على الذكاء أو التعلم من أداء الطلاب.

٣- يعد الصفر في المقاييس النفسية صفرا اعتباريا وليس مطلقا، أي أن الطفل إذا حصل على علاقة صفر في اختبار، فهذا لا يدل على أن الطفل لا يفهم شيئاً في المادة التي اختبر فيها، لكنه في الحقيقة لا يفهم

شيئاً في هذه العينة من الأسئلة، فلو تغيرت هذه الأسئلة فقد يحصل الطالب على علامة مختلفة عن العلامة السابقة.

٤- يوجد في كل قياس نفسي أو تربوي خطأ ما، وهذا يفرض الكشف عن الخطأ بالطرق الإحصائية ثم نزيله قبل استعمال النتائج أو تفسيرها، مثال ذلك خطأ الملاحظة، خطأ الأداة المستخدمة في القياس وعدم ثبات الصفة المقيسة، وهذا يسمى خطأ القياس.

٥- يعد القياس النفسي أو التربوي نسبياً، أي غير مطلق، لأنه لا يوجد فيهما وحدات قياسية ثابتة كالسنتمتر في القياس أو الصفر في الأعداد أو الغرام في الأوزان، لذلك فلا معنى للعلامة التي يحصل عليها الطالب إلا إذا تمت مقارنتها بمعيار معين.... فإذا حصل طفل على (٦٠) في اختبار العلوم فهذه العلامة لا معنى لها، أما إذا علمنا أن متوسط الطلاب في هذا الاختبار هو (٥٢) فإن هذا يكسبها معنى آخر، أي مقارنة علامة الطالب بعلامة العينة التي ينتمي إليها.

التقويم

عملية التقويم هي إصدار الحكم، أي التشخيص والعلاج تبدأ من بداية العمل، ولا تنتهي بنهايته، إذن عملية مستمرة.

خطوات علمية التقويم:

١- تحديد الأهداف، ويتطلب الدقة، والشمول والتوازن والوضوح وأن تكون مترجمة ترجمة سلوكية.

٢- تحديد المجالات التي يراد تقويمها، والمشكلات التي يراد حلها.

٣- الاستعداد للتقويم، أي إعداد وتجهيز الوسائل والاختبارات والمقاييس والقوى البشرية المدربة اللازمة للتقويم.

٤- التنفيذ أي بالاتصال بالجهات المختصة، ويتطلب تفهما من الجهات التي تناولها التقويم، ليتعاونوا مع القائمين على التقويم.

٥- تحليل البيانات والنتائج.

٦- التعديل وفق نتائج التقويم.

٧- تجريب الحلول والمقترحات التي سيقوم على أساسها تحسين أساليب التقويم.

ويوضح الشكل الآتي دور وأهمية عملية التقويم في عملية التعليم:

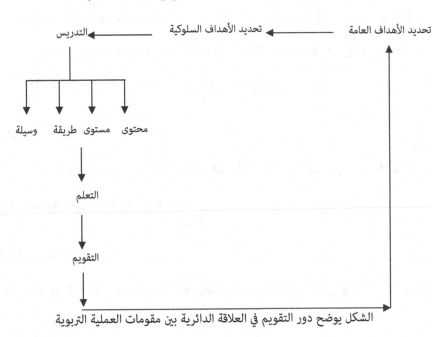

الشكل يوضح دور التقويم في العلاقة الدائرية بين مقومات العملية التربوية

خصائص التقويم التربوي:

من خصائص التقويم التربوي الجيد ما يلي:

١- اتساق التقويم مع أهداف المنهج.

٢- الشمولي، فينبغي أن يكون التقويم شاملاً لكل عنصر من عناصر العملية التعليمية التعلمية الذي يشمل:

- جميع مستويات الأهداف لمعرفية والوجدانية والنفس حركية.
- جميع نواحي النمو الجسمية والعقلية والنفسية والاجتماعية والوجدانية.
- جميع مكونات المنهج المقرر، الكتب، والطرق والأساليب والوسائل والنشاطات.
- جميع ما يؤثر في العملية التعليمية التعلمية، كالأهداف الخط والمناهج والتلاميذ والمعلمين والإداريين والمباني والمرافق والوسائل والمعدات والظروف العائلية والاجتماعية والثقافية.

٣- الاستمرارية، حيث يلازم التقويم العملية التعليمية التعلمية من بدايتها حتى نهايتها أو من بداية الحصة حتى نهايتها.

٤- الديمقراطية: أي تقوم على أساس احترام شخصية التلميذ واحترام آراء التلميذ ورغباته، وميوله، ومراعاة الفروق الفردية لهم.

٥- المنهجية: أي أن التقويم عملية قائمة على أسس علمية موضوعية، بعيدا عن الارتجالية والعشوائية والذاتية، حتى تكون الأحكام الصادرة صادقة.

٦- التمييز، ويكون التقويم مميزا إذا كان قادرا على التمييز بين المستويات، ويساعد على إظهار الفروق الفردية، ويضع كل تلميذ في مكانه المناسب.

٧- التنويع في الأساليب والوسائل، لأنه يشمل جميع وانب الخبرة ومستوياتها، وجميع جوانب النمو وأهدافه المتنوعة.

٨- التشخيص والعلاج: أي أن يكون قادراً على وصف نواحي القوة ونواحي الضعف في عمليات الأداء وفي نتائج هذا الأداء والاستفادة من نواحي القوة وعلاج نواحي الضعف.

٩- تحسين العملية التربوية، أي أن يكون وظيفياً، يستفاد منه في تحسين العملية التعليمة، وفي إحداث تغيرات إيجابية في جميع عناصرها.

الاختبار

يعد الاختبار أداة القياس ووسيلة من وسائله وهو من حيث المعنى المفاهيمي يمثل:

١- إجراءً منظماً لقياس عينة من السلوك التعليمي.

٢- إجراء منظما لقياس المتغيرات التي حدثت لدى الطلبة بعد مرورهم في خبرات تعليمية محددة.

٣- طريقة منظمة لتحديد مستوى تحصيل الطالب لمعلومات ومهارات في مادة دراسية، كان تعلمها من خلال إجاباته عن عينة من الأسئلة التي تمثل محتوى المادة الدراسية.

أسس الاختبار التحصيلي:

هذه الأسس هي:

١- أن يشتمل الاختبار على عينة ممثلة من الأسئلة، تقيس الأهداف والمحتوى حسب الأهمية والوزن.

٢- أن يصمم الاختبار لقياس النتاجات التعليمية المشتقة من أهداف المقرر.

٣- أن يحدد نوع فقرات الاختبار حسب المحتوى والأهداف.

٤- أن تستمر نتائج الاختبار في مراقبة تعلم الطلبة وتحسينه وتطويره.

٥- أن تتوافر في الاختبار خصائص الاختبار الجيد، حتى يكون اختباراً أكثر ملاءمة.

٦- أن تزود نتائج الاختبار بتغذية راجعة تصحيحية وتعزيزية.

٧- أن تفسر نتائج الاختبار بحذر ودقة بعيداً عن التسرع والسطحية.

العينة المعيارية:

اقترح (سلافيا ويسديك) أن يستعان بتفسير علامات الطلبة الموهوبين بعينة مختارة تتفق مع الطلاب المفحوصين بنفس الخصائص والخبرات، وحتى بنفس المعوقات إن وجدت.

وهذه العينة تسمى عينة معيارية، تختار عشوائيا، وبطريقة غير منحازة، وتكون هذه العينة أفضل كلما كان عددها أكثر.

وعن الحصول على العينة المعيارية يمكن في ضوء ذلك تطوير جداول عامة معيارية لنتائج الامتحانات، وتسمى هذه الجداول "الجداول المعيارية"

صفات الاختبار الجيد:

يتصف الاختبار الجيد بالصفات الأساسية التالية:

هي الصدق، والثبات، والموضوعية.

١- الصدق: وهو أن يقيس الاختبار ما وضع لقياسه، فإن وضع لقياس القدرة الحسابية لأطفال الصف الرابع الابتدائي يجب أن يقيس فقط مقدرتهم الحسابية. كل المقدرة الحسابية دون أن يترك شيئاً ولا يقيس شيئاً غيرها.

٢- الثبات: ويعني أن يحصل المفحوص على النتائج نفسها – تقريبا – إذا أعيد تطبيق الاختبار عليه.

٣- الموضوعية وهو عكس الذاتية، وتعني عدم تأثر الاختبار بالرأي الشخصي للمصحح.

ثبات الاختبار وخطأ القياس:

عرفنا أن ثبات الاختبار هو حصول المفحوص على النتائج نفسها تقريبا إذ أعيد تطبيق الاختبار عليه عدة مرات.

من المفروض من أن تكون العلاقات التي يحصل عليها متطابقة تمام التطابق ولكن الواقع أن العلاقات التي يحصل عليها مختلفة بنسب حسب الظروف التي تقع على المفحوص.

فإذا أعاد الامتحان عشر مرات، فإنه يحصل على عشر علامات مختلفة، لكن أيها تعبر عن قدرته الحقيقية. لا نعرف لأنها خاضعة للظروف.

هذه العلامات تسمى علامات ظاهرية وتأثرت كل منها بخطأ من القياس الذي وقع نتيجة الظروف التي أحاطت بالمفحوص أي أن كل علامة ظاهرية تتألف من علامتين هما: العلامة الحقيقية + العلامة التي حصل عليها بطريق الخطأ.

ويمكن تلافي هذا الخطأ بمعادلات رياضية واستخراج العلامة الحقيقية بالرجوع إلى كتب القياس والتقويم والإحصاء الوصفي.

والسؤال المطروح: ما أهمية العلامة الحقيقية بالنسبة للطالب؟.

السبب هو الرغبة في معرفة مدى العلامة في إظهار موقف الفرد بالنسبة للسمة التي ندرسها.

ولأن الاختبارات النفسية والتربوية تسمح كلها بنسبة معينة من خطأ القياس، فلا بد أن يكون هذا الخطأ معقولاً مقبولا أي أن الاختبارات يجب أن تكون دقيقة إلى حد معقول.

ويساهم الخطأ في مجال العينة في درجة الخطأ في علاقة الاختبار بشكل كبير ولكن أسهلها تقدير ما يسمى بـ (معامل الثبات).

ومن أهم معامل الثبات المستخدمة في معرفة ثبات الاختبار "معامل الفا" و "كودر ريتشادسون فإنما يقدران بدقة معامل الثبات.

ويشير ارتفاع معامل الثبات إلى انخفاض الخطأ المعياري للاختبار، والعكس بالعكس، وهذا يفيدنا في معرفة العلامة الحقيقية للمفحوص. فإذا عرفنا أن

العلامة الظاهرية للتلميذ (١٠٠/٤٨)

والخطأ المعياري للفحص (٣)

فإن الطالب يستحق النجاح، لأن العلامة الحقيقية للطالب هي:٤٨+٣= ٥١

وإذا كانت علامته الظاهرية (١٠٠/٤٧) فإنه لا يستحق النجاح، لأن العلاقة الحقيقية للطالب هي: ٤٦ + ٣ = ٤٩، وهي أقل من ٥٠ التي هي علامة النجاح.

الصدق

صدق الاختبار أي أن يكون قادرا على قياس ما وضع لقياسه. فإذا وضع لقياس الحساب للصف الرابع الابتدائي فإنه يجب أن يكون مقتصرا على الحساب فقط، لأنه لم يصمم إلا للصف الرابع.

وقد لخص أحد المربين دلالة مفهوم الصدق من خلال الإجابة عن الأسئلة التالية:

- ماذا يقيس هذا الفحص؟ (السمة، القدرة، الصفة).

- إلى أين مدى تقيس هذه السمة، أو القدرة، أو الصفة التي يقيسها.

- في أي موقف أو ضمن أية ظروف، تكون للفحص هذه الدرجة من الصدق؟

والصدق لا يعني الثبات، ولكن الاختبار قد يكون ثابتا وصادقا، إلا أن التقويم الجيد المسؤول يكون عادة صادقا وثابتاً.

ويقسم الصدق إلى ثلاثة أقسام هي:

(صدق المحتوى، صدق البناء، الصدق التنبؤي (صدق المحك)

١– صدق المحتوى:

أي أن يعطي الاختبار المادة الدراسية التي درسها الطلاب في مستوى معين، ويعطي الأهداف التعليمية للمادة الدراسية.

٢– الصدق التنبؤي:

تستعمل نتائج اختبار أحيانا للتنبؤ بنجاح الطالب مستقبلا، في دراسة لها علاقة بالاختبار ففي الأردن تستعمل نتائج اختبار التوجيهية بطريقة غير

مباشرة للتنبؤ بنجاح الطلبة في الدراسة الجامعية. إذ أن الجامعة عندما ترفض قبول أصحاب العلامات المتدنية فكأنها ترفضهم لأنها تتنبأ – بناء على علاماتهم – برسوبهم.

٣– صدق البناء:

هو أكثر أنواع الصدق تعقيداً لأنه يهتم ويتعامل بمعطيات معنوية، ويعد الذكاء من أكثر السمات دراسة في علم النفس ولكن لا يمكن مشاهدته أو تقويمه مباشرة، بل يمكن استنتاجه من مشاهدات وتقويمات تتعلق بما اصطلح على تسميته (سلوك ذكي) كما لا يمكن مشاهدة متغيرات الشخصية مثل: الاعتماد على النفس، والقلق، وتحقيق الذات، ولكن يمكن استنتاج وجودها لذا فإن صدق البناء يُعنى بقدر كبير بالاستنتاج ويقوم صدق البناء بالبحث والتحقق من الخصائص السيكولوجية التي يعيشها الاختبار.

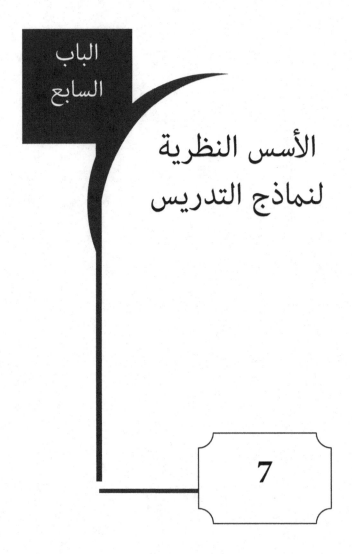

الباب
السابع

الأسس النظرية
لنماذج التدريس

7

الباب السابع

الأسس النظرية لنماذج التدريس

١- مقدمة في نماذج تصميم التدريس.

٢- معايير نموذج تصميم التدريس الجيد.

٣- المفاهيم الافتراضية السلوكية والاستعداد المفاهيمي، والتقويم.

الخطة أو النموذج التدريسي هي المواد والخبرات التعليمية التي يستخدمها المعلم بهدف تنظيم مهامه التعليمية، وبالتالي فهي الوسائل التي تقوم على نظريات تدريسية، تعتمد التخطيط بصورة خطوات وممارسات صفية.

ويقترح العالمان (جويس وويل) على المعلم لدى اعتماده نموذجاً تدريسياً معيناً ممارسة سلوكيات محددة كاستشارة وتوجيه انتباه المتعلم، وتزويده بالأغذية الراجعة بناء على نظرية تعلم سلوكية معرفية إنسانية أو اجتماعية.

وتتضمن النماذج الخصائص الآتية:

١- الاختزال:

ويقصد بالاختزال التعبير عن الواقع التعليمي أو تمثيله بكل تفاصيله وجزئياته، بشكل مبسط، وإدراك العلاقات التي تتحكم فيه؛ ذلك أن الواقع التعليمي يوصف بأنه معقد ومركب، ومتشعب، وتتشابك مكوناته.

٢- التركيز:

من أهم مقومات النموذج التدريسي التركيز على خصائص معينة بإبراز مكوناتها والعلاقات بينها، مما يعطي مرونة كبيرة للمتعلمين في التعامل مع الواقع، وتوظف المخططات التي تم تحديدها.

٣- الاكتشاف:

القيمة المنهجية الكشفية التي يتسم بها النموذج التدريسي، تساعد الباحثين على الانطلاق لتطوير نظرياتهم، واكتشاف نماذج جديدة هي أقرب إلى الواقع التعليمي، ويمكنهم من إدخال تعديلات على النموذج الأصل.

المعلم البارع ذو الكفاية:

أن يكون ذو قدرة ومهارة في اكتشاف الجديد والمعلومات والخبرات الجديدة إزاء تفاعله مع المواقف التدريسية المختلفة. واكتشاف نماذج تدريسية، واستخدام أدوات أو مواد دراسية لتحسين وتسهيل عملية التدريس، وهو القادر على بناء أوضاع التدريس على علاقات منظمة مخطط لها غير عشوائية، واستخدام نماذج تدريسية مما يدل على أنه أكثر معرفة ودراية من غيره بنظريات التعلم واتجاهاتها واقتراحاتها.

رغم ذلك فإننا نجد المدرسين قاصرين عن تطوير النماذج التدريسية، بسبب عدة معوقات كثيرة منها:

١- عدم وجود الخبرة والمهارات لدى المدرسين في إجراء البحوث التطبيقية.

٢- تقلص مستوى قدرة المدرسين على ممارسة الملاحظة العلمية العملية الدقيقة، لضبط العوامل التدريسية الصفية.

٣- ومن هذه المعوقات اهتمام المدرسين بالتحضير للتدريس والتقويم وزيادة أعباء المدرسين اليومية، وثقل جدولهم.

٤- انخفاض فاعلية تأهيل المدرسين، مما يعكس أثراً سلبياً على دراسة العمليات التدريسية.

ويرى "مرعي" أنه يتطلب من المدرس الذي يتبنى نموذجاً تدريسياً، أن يمارس نموذجاً سلوكياً محدداً في نموذج (جانييه) الذي يحتوي على

((الاستشارة، الاهتمام، وتوجيه الانتباه، وشرح المفاهيم، وتزويد المعلم بأغذية راجعة)).

ويعد نموذج "جلاسر" خير ما يمثل خصائص النموذج التدريسي بصورته المبسطة الذي يتألف من العناصر التالية:

١- الأهداف أو النواتج التعليمية.

٢- الاستعداد المفاهيمي.

٣- الأساليب والإجراءات التدريسية.

٤- تقويم الأداء أو ما تم تحصيله.

٥- تغذية راجعة تعود على العناصر الأربعة السابقة.

وهي ممثلة بالشكل التالي:

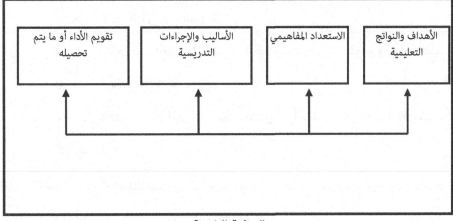

التغذية الراجعة

نموذج جلسر للتصميم والتدريس

ومن أهم مميزات هذا النموذج الاختزال أي اختزال الواقع المتداخل والمتشابك، ولا تظهر فيه إلا العناصر الأساسية وترتبط هذه العناصر بالتغذية الراجعة من خلال التركيز والاختصاص، كما أنه يتميز بخاصية الاكتشاف.

معايير نموذج التدريس الجيد:

١- الأهمية:

هي قيمة الأهداف التي يمكن تحقيقها، وإمكانية استخدام هذه الأهداف في مواقف تساعد على تحقيق نواتج مقصودة، وكذلك تسهيل عملية التعلم من خلال معرفة خصائص المتعلم.

٢- الدقة والوضوح:

أن يتصف بالوضوح والبساطة وسهولة الافتراضات والمسلمات والاستيعاب، يخلو من الغموض واللبس. تتحقق الترابطية بين عناصر مكوناته، إضافة إلى دقة الفرضيات، وربط الإجراءات التدريسية بمفاهيم النموذج الافتراضية، وكذلك سهولة المعالجة والتنفيذ.

٣- الشمول:

يوصف النموذج التدريسي بالشمول والإحاطة إذا كان مؤلفاً من مجموعة من العناصر المترابطة بعلاقات ترابطية أو سببية أو تفسيرية، كذلك

إذا كان قادراً على معالجة أكبر عدد ممكن من متغيرات العملية التدريسية.

ومن هذه المتغيرات:

- خصائص المدرسين والطلبة.
- أساليب معالجة مشكلات الطلاب.
- استعدادات الطلبة للاستيعاب والفهم.
- الإجراءات الصفية التدريسية.
- استراتيجيات التغذية الراجعة.

مناحي تصميم التدريس والنظرية السلوكية:

أكد (جستافسون) إن تصميم التدريس يتكون من المناحي التالية:

الأول: المنحى النظامي: Systematic Appoach

أساس هذا المنحنى هي نظرية النظم، التي يؤكد مفهومها العام على بناء الفرد بصورة كاملة، لذلك يؤكد العلماء من خلال هذه النظرية على أهمية تحديد مكونات الأنشطة الفردية وقياس تأثيرها.

وقد قام (سكنر) بدور مهم في دعم هذه النظرية بما قدمه من نتائج في مجال تحليل السلوك الإنساني خلال ما توصل إليه في مختبره ونقله إلى التعلم الإنساني.

وقد حدد (جستافسون) أربعة أنشطة يمكن استخلاصها من نظرية النظم وهي:

– تحليل ا يراد تعلمه.

– تحديد طريقة التعليم والتعلم.

– تطبيق الطريقة ومراجعتها (التقويم التكويني).

– تقويم ما أصبح المتعلم قادراً على أدائه بعد عملية التنفيذ (التقويم الختامي).

الثاني: أدوات التصميم Design Tools

تشير نظرية النظم إلى وجود مجموعة من المعارف تتألف من الخبرة والممارسة. وتأتي هذه الخبرة من أصول والمبادئ النظرية لنظرية النظم ومن خبرات المتدربين والطلاب لدى تطبيق نظرية التعلم، واعتمادها في عمليات تصميم التدريس.

الثالث: النماذج التدريسية: Instructional Models

أشار (جويس وويل) إلى أهمية النماذج التدريسية في ضبط بيئة التعليم، للنهوض بعليمة التدريس وتطويرها.

وقد أستند هذا العالمان إلى أسس النظرية النفسية في تصميم عديد من النماذج التي تتراوح بين السلوكية والمعرفية، كما استندا إلى مبادئ النظرية

الإنسانية والنفس اجتماعية لسد النقص في تفسير الأحداث التدريسية الصفية.

وفي المقابل نجد عدداً من المعلمين مقصرين في الإهتمام بضبط المتعلم لبيئة التعليم.

الرابع أنظمة توصيل التدريس Instruction Delivery Systems.

ويقصد بأنظمة التوصيل الوسائل التي يستخدمها المعلم أو المدرب في إيصال ونقل الخبرات إلى المتعلمين، وتفاعلهم مع هذه الوسائل مكتوبة أو مرئية أو مسموعة.

ويعود اهتمام المعلمين بأنظمة التوصيل لأنها تسمح للمتعلم القيام بأنشطة تزيد من معرفته ومهاراته، حسب خطة مدروسة.

المفاهيم الإفتراضية السلوكية للنموذج التدريسي:

Hypothetical Canstructs

تشكل مجموعة من الإفتراضات الأساس النظري للنموذج السلوكي التدريسي الذي يهتم بتحديد الإجراءات المتمثلة بالسلوك الذي يمكن ملاحظته وقياسه ووصفه وتعريفه بدقة. ومن هذا المفاهيم:

١- السلوك Behavior وهو استجابة لمثير ما.

٢- الإستجابة Respense يجريه المتعلم من أداء.

٣- التعزيز Reinforcement، أي زيادة احتمالية ظهور سلوك ما، وتكراره، بفعل آثار مرغوبة أو مرضية.

٤- التغزيز السلبي Negative Reinforcement، إيقاف تأثير مزعج أو مؤلم.

٥- الإنطفاء Extinction، تكرار تقديم المثير وحده، دون أن يتبع بتعزيز.

٦- الإسترجاع التلقائي Spontaneous Recovery، ظهور السلوك المطفأ عند ظهور المثير مرة أخرى.

٧- التعميم Generalization أي الاستجابة للمثيرات الشرطية التي تشابه المثيرات الطبيعية، وفيه يرتبط المثير الطبيعي بالخصائص المشتركة للتشابه بين عناصر المثير الطبيعي والشرطي.

٨- التمييز الإستجابة للمثير الشرطي دون غيره من المثيرات التي تعلمها وفق ظروف شرطية.

٩- الإستجابة الأدائية وهي الاستجابة الموجهة نحو هدف.

١٠- السلوك الخرافي وهي أداء لاستجابات معينة من توقع تعزيز، في الوقت الذي لا يوجد أي اقترن سببي في الواقع بينهما.

١١- المثير المنفر أي مثير يحكم عليه الكائن بأنه ضار وغير سار.

١٢- التعلم Learning تعديل وتغيير في السلوك.

١٣- التغذية الراجعة Feed back تزويد المتعلم بنتائج أعماله وأدائه.

الاستعداد المفاهيمي:

يعرف الإستعداد بزنه القدرة الكامنة عند الفرد للقيام بعمل ما، أما الاستعداد المفاهيمي، هي المفاهيم أو الخبرات أو المتطلبات السابقة التي يمتلكها الفرد قبل البدء باكتساب خبرات جديدة، وهذا ما يطلق عليه (جانييه) مقدرات التعلم أي Capabilities، لذا فإن الأمر يحتاج إلى الكشف عن مدى توفر المعارف والمعلومات السابقة الضرورية للتعلم الجديد.

وعليه فإن يفترض على المعلم قبل البدء بأي درس القيام بما يلي:

١- تحديد المفاهيم السابقة.

٢- الكشف عن مدى توفرها لدى المتعلم عن طريق أسئلة المراجعة والمناقشة التمهيدية.

٣- تحديد النواتج، والأهداف السلوكية التي يراد تحقيقها لدى الطلبة.

٤- الكشف عن الخبرات المعززة التي تظهر في الموقف التعليمي الذي يسبق الإجراءات التدريسية لدرس جديد.

٥- تعديل وتغيير وحذف وإضافة وصيانة بعض المفاهيم التي تم تعزيزها، تم الإحتفاظ با لدى المتعلم عند مرور خبرات التعلم.

تعزيز المعلومات الصحيحة بإتاحة الفرص أمام الطلبة، لزيادة احتمالية ظهورها وتكرارها، لما لها من ضرورة للتعلم الجديد.

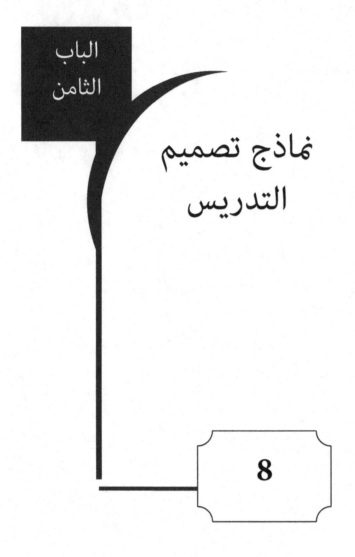

الباب
الثامن

نماذج تصميم
التدريس

8

الباب الثامن

نماذج تصميم التدريس

نظريات تصميم التدريس:

كان أول من أشار إلى خصائص تصميم نظرية التدريس هو (بروز) ثم كل من (جانييه وديك).

ونريات التدريس تعتبر ذات طابع تدريسي، لتحقيق أنسب الظروف الإيجابية التي تنعكس على عملية التدريس.

وتسعى نظريات التدريس إلى وصف خصائص التدريس أما نظريات التعلم فهي تصف كيفية حدوث التعلم دون أن تولي اهتماماً لظروف بيئة المتعلم، بعكس نظريات التدريس التي تهتم بهذه البيئة، وتحاول أقصى جهودها إيجاد الظروف التي تعد مثالية للرقى بعملية التعلم.

نظرية المنحنى الطبيعي Normalcurave لـ (بلوم) خير مثال على نظريات التدريس:

تعتبر نظرية (بلوم) من أفضل ما قدمه للرقي بعملية تصميم التدريس، وهذه النظرية تركز على الأداء، لا على النتيجة أي أن المنحنى الطبيعي لا يجب أن يكون نموذجاً لمخرجات التعليم التي يتوقع الحصول عليها، بل يجب

أن تبرز فيه أداءات الطلبة الذين يتعلمون بشكل جيد أو متوسط أو ضعيف.

ومن خلال هذه النظرية فقد أكد بلوم أن (٩٠%) من الطلاب تقريباً لديهم القدرة على فهم واستيعاب ما يدرس لهم وأن دور التدريس إيجاد الطرق التي تعين الطلبة على الاستيعاب.

وقد افترض بلوم وجود ثلاثة مؤثرات تؤدي إلى تحسين الاستيعاب.

ومن هذه المؤثرات اثنان من خصائص المتعلم وهما:

- السلوك المدخلي الذهني.

- السلوك المدخلي المؤثر.

أما المؤثر الثالث فهو خاص بنوعية التدريس.

أما **السلوك المدخلي الذهني** فهو مقدرات ومهارات الطلبة الداخلية، تعينهم على فهم ما يقدم اليهم.

أما **السلوك المدخلي المؤثر**، فهو الاستعداد العاطفي عند الطلاب ورغم الصعوبة في تغيير هذه الخصائص المؤثرة إلا أنه التغلب على أثارها السلبية من خلال التدريس النوعي.

وأما فيما يتعلق بخصائص التدريس النوعي، فإنه له أهمية في تعميق الفهم لدى المتعلمين، ومن هذه الخصائص:

١- تقـديم التلميحـات التـي تسـاعد المـتعلم أو المتـدرب، التـي تدفعـه للفهـم والاستيعاب.

٢- المشاركة، أي تنشيط المتعلم، ليكون فعالاً وإيجابياً في التعلم والتخطيط، فيزيد بذلك حماسة.

٣- الدافعية، معرفة التلميـذ للحاجـات، أو الهـدف الـذي سـعى لتحقيقـه بصـورة ذاتية، مما يدفعه إلى الاهتمام والشغف بعملية التعلم.

٤- التغذية الراجعة وهي معرفة المتعلم نتائج أدائـه، لتدفعـه للحصـول عـلى مـا يصحح فهمه، ويحسن أداءه، وهذا يكون عقب المشاركة أو التفاعل.

على أن التلميحات تعتبر وسائل اتصال بالنسبة للمتعلمين ولمتطلبات مهمة التعليم. والمشاركة هي ممارسة الطلاب لنشاطات داخلية وخارجية خلال عملية التعلم.

وبشأن الدافعية، أي أن يقوم المدرس أو الأصدقاء أو أي شخص بالغ بدفع الطلاب على التعلم.

والدافع عند «بلوم» يعتبر ضرورياً سواء أكان إيجابياً لإظهار التشجيع أم سلبياً بالتعنيف إذا كان الأداء ضعيفاً.

والتغذية الراجعة تأتي بعد عملية المشاركة، أو تفاعل الطلبة. وقد أثرت نظرية بلوم بكل قوة على ممارسة تصميم التدريس وفلسفته التي تهتم بتطوير التعليم.

وهذا النظام يوصل الطلبة إلى مستويات من الفهم والإتقان، يشمل جميع الطلبة أو معظمهم.

فائدة:

لقد أكدت نظرية «بلوم» على دور المدرس الهام في عملية إتقان التعلم والإقلال من الخطأ. لأن هذه النظرية تحدد المتغيرات المسؤولة عن قدر أكبر من ألأخطاء خلال عملية التدريس وتحدد نسبة خطأ المسؤول عنه كل متغير.

ويمكن القول أن نظريات التدريس والتعلم والنظم والاتصال ساعدت على تطوير كل من تصميم التدريس بفعالية وساعدت نظرية الاتصال على توفير الأسس والمبادئ لبناء رسائل سمعية ومرئية للطلبة.

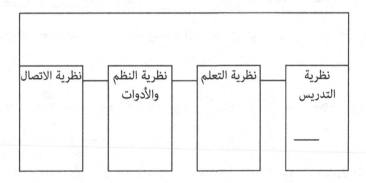

أساس نظرية تصميم التدريس

نظام التدريس:

نظام التدريس هو الوسائل التقنية التي تقوم على منهج علمي ومنطقي في أهدافه وبيئته، وعلاقاته ومدخلاته ونواتجه. ونظام التدريس عند «لوغان» هو مجموعة العوامل التي ترتبط معاً من الناحيتين النفسية والتربوية، تحقق الأهداف لدى الطلبة الذين يتفاعلون معها.

ومتغيرات أي نظام تدريسي ترتبط بعلاقات ثنائية، أي علاقة متغير بمتغير، ثم بعلاقات كلية تضم مجموعة من المتغيرات، وهاتين العلاقتين هما أساس نجاح نظام التدريس.

مكونات نظام التدريس:

يتكون نظام التدريس من خمسة مكونات هي:

المعلم، الطالب، المنهج، البيئة الصفية المتعلمة، النواتج التعليمية (الأهداف) كالشكل التالي:

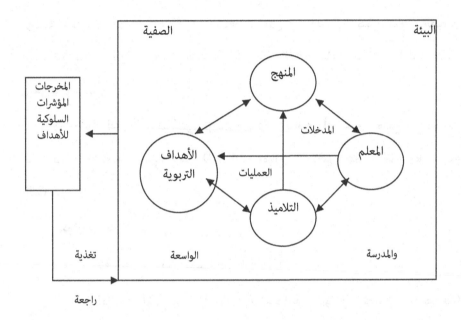

الشكل يوضح العلاقات الثنائية الكلية بين مكونات النظام التدريسي.

ويوضح هذا الشكل العلاقات الثنائية بين المعلم والتلميذ، والعلاقة الكلية التي تربط البيئة الصفية والمدرسة بالمتغيرات الأربعة الأخرى وهي المعلم، التلميذ، المنهج، الأهداف.

خصائص نظام تصميم التدريس:

هناك عدة خصائص يتميز بها نظام التدريس وهي: تنظيم المتغيرات وعمليات نواتج التدريس، وكذلك ارتباط المتغيرات فيه بعلاقات معينة، وكذلك اعتماد مراجعة نظام التدريس من فترة لأخرى وإعادة اختيار

التقويم للتعرف على مواطن الخلل أو النقص كما أن هذا النظام يسير وفق خطوات ومراحل محددة بصورة دقيقة، ويعمل على تحديد الظروف السابقة وبيئات التدريس والمجال الصفي. ويقوم على مراحل إجرائية تغذية كتنسيق العوامل والنواتج.

كما أنه يحدد الأهداف والعمليات للنظام الذي يتم اعتماده واختياره.

أنظمة التدريس:

من هذه الأنظمة المتعددة:

نظام هندرسون لاينر:

ويشمل هذا النظام ثلاثة عناصر هي:

١. عوامل التدريس.

٢. معالجة عوامل التدريس.

٣. نهايات التدريس.

وهي العناصر التي نتبينها في الشكل التالي:

عوامل التدريس:	معالجة عوامل التدريس:	نهايات التدريس:
– الطالب – الأقران – المعلم – البيئة المدرسية – الوقت – المواد والوسائل – المنهج	– المعارف النظرية البشرية الجسمية والعاطفية والإدراكية والاجتماعية ثم النباتية والحيوانية والموجودات الأخرى بالمعارف العلمية كمعالجة المعلومات ومهارات حل المشكلة.	– أهداف التعلم: – المعرفية – العاطفية – الاجتماعية – الحركية.

نظام هندرسون لاينر

نظام هايمان وشولز:

نظام هايمان وشولز

ركز نظام هايمان وشولز على نقطتين هما:

- تحديد المعطيات الثقافية للتدريس.

- تحديد المواصفات المتعلقة بالطلبة.

نظام ديفز:

ويتكون هذا النظام من ثلاثة مجالات هي:

المدخلات، العمليات، المخرجات.

وقد ركز ديفز على المخرجات لأهميتها لأنها تتضمن مراجعة النتائج والأهداف والتحصيل، وهي تتمثل بالنموذج التالي:

من خلال تحليل متطلبات النظام
تحديد وصياغة الأهداف والنواتج التعليمية
الوسائل المتوافرة والإمكانات التربوية في النظام

عمليات تصميم وتنفيذ النظام
وصف وتحليل مهمات النظام
تصميم وتنفيذ الإجراءات
تطوير خطة التدريس وتقييمها تقيماً بنائياً ونهائياً وتقييم أداء الطلبة

المخرجات تقييم فاعلية وكفاية النظام
تقييم التحصيل النهائي للطلبة
تحديد صعوبات التدريس
صيانة وتحسين وتعديل النظام

نظام ديفز للتصميم التدريسي

نظام «لوغان» للتصميم التدريسي:

يتكون نظام «لوغان» من خمس مراحل متتابعة متسلسلة هي:

١- مرحلة تحليل التدريس.

٢- مرحلة تصميم التدريس.

٣- مرحلة تطوير التدريس.

٤- مرحلة تنفيذ التدريس.

٥- مرحلة تقويم التدريس.

ويمكن اعتبار المراحل الأولى الثلاث بمثابة المدخلات، والمرحلة الرابعة بمثابة العمليات، والمرحلة الخامسة بمثابة المخرجات التدريسية.

ويمكن توضيحها على النحو التالي:

نظام لوغان للتصميم التدريسي

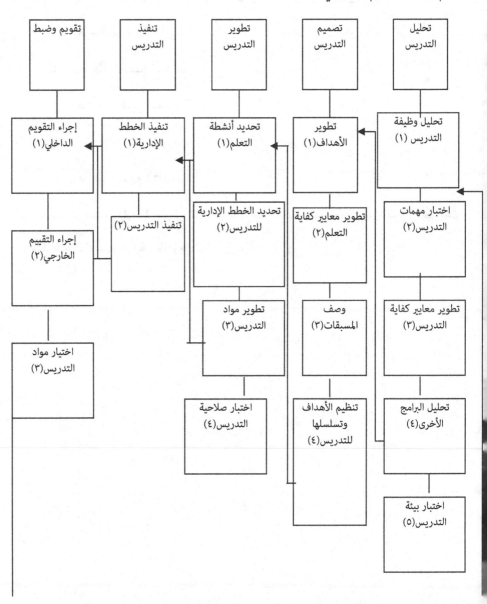

نظام جيرلاك - ايلي: (نظام المنحنى النظامي لصميم التدريس).

يركز هذا النموذج على عملية التعليم، واستخدام الوسائل التعليمية، ويتألف من الخطوات التالية:

١- تحديد المحتوى وتحديد الأهداف.

٢- يقوم السلوك المدخلي للمتعلمين ودراسة خصائصهم وخلفياتهم وقدراتهم.

٣- تحديد الموقف التعليمي، وتوضيح الاستراتيجيات التعليمية وترتيب الطلاب داخل غرفة الصف، وتحديد المكان والوقت والمصادر المناسبة.

٤- تقويم الأداء، أداء التلاميذ وانجازاتهم واتجاهاتهم نحو المحتوى والتدريس.

٥- التغذية الراجعة: وتتوجه نحو فاعلية التعلم، وإعادة النظر في الأهداف والاستراتيجيات، واتخاذ القرارات المناسبة حيال ذلك.

٦- ويمكن توضيحه بالشكل التالي:

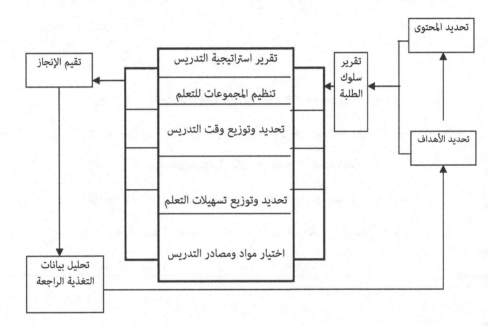

نظام جيرلاك- إبلي لتصميم التدريس

نظام «بنائي» لتصميم التدريس:

ويتضمن أربعة مجالات هي:

١- مدخلات التدريس.

٢- تحويلات التدريس

٣- مخرجات التدريس.

٤- التغذية الراجعة.

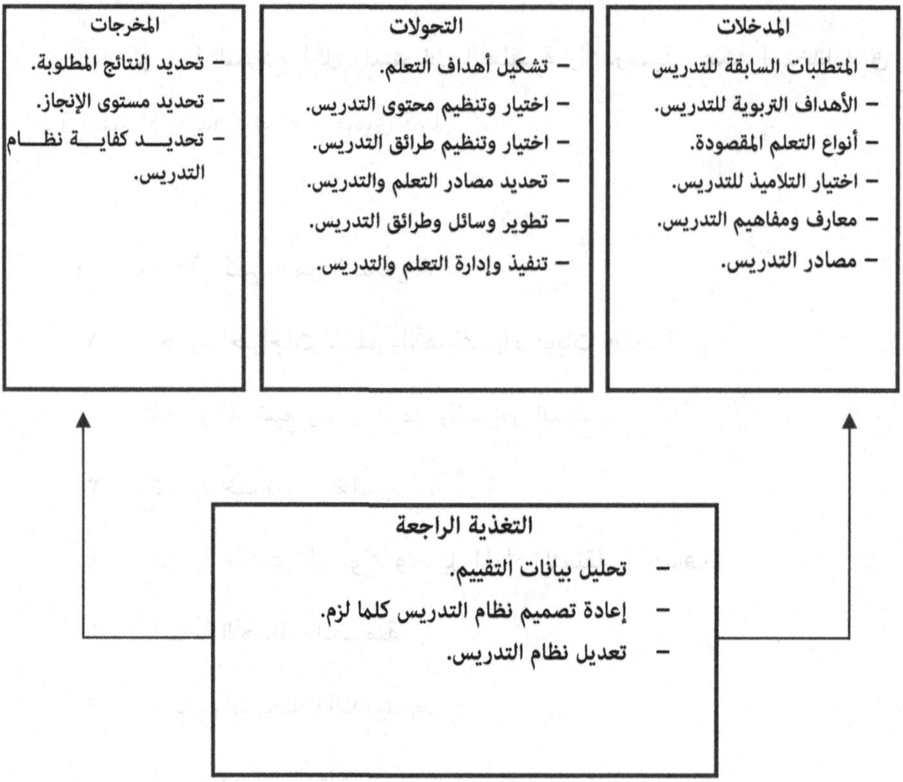

٢٠٥ تصميم التدريس

المدخلات
– المتطلبات السابقة للتدريس
– الأهداف التربوية للتدريس.
– أنواع التعلم المقصودة.
– اختيار التلاميذ للتدريس.
– معارف ومفاهيم التدريس.
– مصادر التدريس.
التحولات
– تشكيل أهداف التعلم.
– اختيار وتنظيم محتوى التدريس.
– اختيار وتنظيم طرائق التدريس.
– تحديد مصادر التعلم والتدريس.
– تطوير وسائل وطرائق التدريس.
– تنفيذ وإدارة التعلم والتدريس.
المخرجات
– تحديد النتائج المطلوبة.
– تحديد مستوى الإنجاز.
– تحديد كفاية نظام التدريس.
التغذية الراجعة
– تحليل بيانات التقييم.
– إعادة تصميم نظام التدريس كلما لزم.
– تعديل نظام التدريس.

نظام "بنائي" التدريسي

٢) نظام كمب لتصميم التدريس:

ركز «كمب» في نموذجه على التتابع والتسلسل المنطقي، دون أن يكون هناك ترتيب ثابت، الأمر الذي يعطيه مرونة لحذف بعض العناصر أو

تعديلها، ومن خصائص هذا النموذج النظرة الشاملة التي تأخذ بعين الاعتبار كل العناصر الرئيسية في عملية التخطيط.

كما ركز هذا النموذج لكل المستويات التعليمية والتدريسية ويمكن استخدامه في حصة صفية أو وحدة دراسية أو مساق كامل.

وتتألف خطة «كمب» من العناصر التالية:

١- تحديد احتياجات المعلم والأهداف والأولويات والمعوقات.

٢- اختيار المواضيع ومهام العمل والأغراض العامة.

٣- تحديد خصائص المتعلمين.

٤- تحديد محتوى الموضوع، وتحليل المهام المتعلقة بالأهداف.

٥- صياغة الأهداف التعليمية.

٦- تصميم النشاطات التدريسية.

٧- تحديد مصادر التعلم.

٨- تحديد المصادر المساندة.

٩- إعداد أدوات التقديم.

١٠- تحديد الاختبارات القبلية لمعرفة استعداد المتعلمين.

١١- اهتم « كمب» بالتقويم القبلي والتكويني والختامي، والتغذية الراجعة كالشكل الآتي:

٩- نظام جروبر لتصميم التدريس:

يركز جروبر في نموذجه على التوجه السلوكي معتمداً على بعض المفاهيم التي طرحها سكنر في نموذجه التعليمي في تنمية المهارات:

وقد فصل (جروبر) ما أطلق عليه اسم (أدوات المعالجة) في تصميم أداء المهام التي حددها بالعناصر التالية:

– درجة استخدام التلميحات.

– حجم وحدة السلوك الممارس.

– نوع المهام والمحتوى المتضمن في المهمة.

– مدى تكرار ممارسة المهمة.

– وقد أشار جرور إلى كيفية استخدام أدوات المعالجة في المراحل المختلفة في التتابع والشرح.

نظام روميز ويسكي لتصميم التدريس:

جعل تركيزه في نموذجه على الأسس السلوكية في:

١- موضوع التعلم.

٢- المهمة التعليمية.

٣- تحليل المعارف والمهارة.

٤- تحليل مشكلات التعلم السلوكية.

وعلى ذلك فقد قدم اقتراحات على عدة أسئلة عند القيام بتحديد المحتوى، وتحليل المهام والمعارف والمهارات وهذه الأسئلة هي:

١- متى توضع الوحدات الدراسية، والـدروس، والمواقـف التدريسـية، ليتم تنفيـذها بصورة محددة؟

٢- كيف يتم تحديد، واختيار الاستراتيجيات، من طرق وأساليب ووسائل وأنشطة؟

٣- ما الفئة المستهدفة، وكيفية تنظيمها؟

٤- ما هي المواد والوسائل المستخدمة؟

٥- كيف تسير الاختبارات، وعمليات الضبط، وآلياتها؟

٦- ما الأحكام المستخلصة التي تم التوصل غليها من اختبارات الطلاب ونتائجها.

وقد ذكر «روميز ويسكي» ثماني عمليات لتوزيع الوسيط التعليمي في تصميمه
وعرضها على شكل دائرة كالتالي.

مخطط التدريس لروزميزويسكس

المراجع العربية

١- جيرولد كمب، تصميم البرامج التعليمية، ترجمة أحمد خيراي كاظم ١٩٧٧.

٢- حلمي أحمد الوكيل ومحمد أمين المفتي، أسس بناء المنهاهج وتنظيمها.

٣- راضي الوقفي، التخطيط الدراسي، ط٣، ١٩٧٩.

٤- سبع أبو لبدة، مبادىء القياس النفسي والتقييم التربوي، ١٩٨٢م.

٥- صالح هندي وهشام عليان، دراسات في المناهج والأساليب العامة، عمان دار الفكر، ١٩٨٧.

٦- عبد العليم إبراهيم، الموجه الفني المدرسي اللغة العربي، دار المعارف ١٩٦٨.

٧- عبد الملك الناشف، تنظيم تعلم التلاميذ، منشورات، معهد التربية، بيروت، اونروا – يونسكو ١٩٧٣.

٨- عزيز سمارة ورفيقاه، مبادئ القياس والتقويم في التربية دار الفكر للنشر والتوزيع، ١٩٨٩.

٩- فؤاد سليمان قلادة، الأهداف التربوية، وتخطيط المناهج، دار المطبوعات الجديدة ١٩٧٩.

١٠- ماجد السيد عبيد وآخرون، أساسيات تصميم التدريس، دار الصفاء للنشر والتوزيع، عمان، ٢٠٠١.

١١- محي الدين نوف، وعبد الرحمن عدس، أساسيات علم النفس التربوي، نيويورك، جون ويلي وأولاده، ١٩٨٢.

١٢- نادر الزيود. وهشام عليان، مبادئ القياس والتقويم في التربية دار الفكر للنشر والتوزيع ١٩٧٩.

١٣- نادر الزيود وآخرون، التعلم والتعليم الصفي.

١٤- نايف سليمان، ومحمد الحموز، أساليب تعليم الأطفال القراءة والكتابة، دار الصفاء للنشر والتوزيع، عمان، ٢٠٠١.

١٥- نايف سليمان، وعادل جابر، المشرف الفني في أساليب تدريس اللغة العربية.

١٦- يوسف القطامي ورفيقاه، أساسيات تصميم التدريس، دار الفكر للطباعة والنشر ٢٠٠١.

١٧- يوسف قطامي ورفيقاه، تصميم التدريس، دار الفكر للطباعة والنشر.

المراجع الأجنبية

1. Bruner, j.s (1960) The process of ducation, NewYork; Vintge Books.

2. Bruner, j.s (1966) Toward a theory of instration, N.Y; WW. Notron Company.

3. Bloom, S (ed) Tayonomy of education objectives, (New York, Daved Mckay Company, Inc 1967.

4. Kemp.J. The instructional design Process (1985) N.Y.N.Y. Harpe row.

5. Dibler, R.J. Miles. D. (1970) Behavioral objectives and instruction, Boston, Ally Bacon.

6. Merill. M. Intructional design. Englewood Cliffs, N. G. Educational technology, pub (1979).

7. Merill.M. Componud Display theory (1983).

8. Reigeluth (ED) instructional design theories and Models, Hills dale N.J. Lawrence Erbiam Assocates.

الفهرس

Printed in the United State
By Bookmasters

T0271447

Printed in the United States
By Bookmasters